J.S. Bach

15 Inventionen & 15 Sinfonien

바흐 인벤션

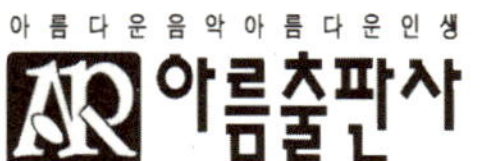

아름다운음악 아름다운인생
아름출판사

머 릿 말

기악곡을 크게 나누어 보면 화성적인 곡과 대위법적인 곡으로 나누게 됩니다. 바이엘 교본, 체르니 연습곡, 소나티네 작품들은 거의가 화성적인 기악곡으로 한 손은 가락, 한 손은 반주를 하는 형태이지만 모차르트, 베토벤 등 소나타에 들어가면 왼손과 오른손이 서로 다른 가락을 연주하는 대위법적인 작품들도 있습니다. 수준 높은 곡의 연주를 원한다면 대위법적인 기교를 익히지 않고서는 곡을 이해하고 연주하기가 힘들게 되는데 그래서 체르니 30번 후반이나 체르니 40번 초반에 우리는 바흐의 인벤션을 배우게 됩니다.

바흐는 30곡 인벤션을 내면서 "인벤션은 먼저 가창적인 음악 요소를 익히게 되고, 둘째로는 작곡을 위한 교재로도 충분한 지침서가 되고, 연주 기술면이나 예술적인 면에서도 뛰어난 기량을 나타낼 수 있게 된다"고 말하고 있습니다.

바흐 인벤션의 원전판은 음색이나 음량의 조절이 안되는 클라비어(피아노가 나오기 전의 악기)를 사용해서 작곡되었기 때문에 아티큘레이션(레가토나 스타카토)의 표기가 없고, 다이나믹(*f*, *p*, *cresc.* 등)의 표시가 없으며 피아노로는 연주가 곤란한 꾸밈음이 너무 많고 어렵게 되어 있습니다.

또, 교육용 작품이라 템포나 악상표가 없고, 음표만 나열되어 있기 때문에 동기, 주제 등을 이해하기 힘들고 형식도 구별하기 어렵습니다. 이 30곡들은 모두 대위법적 곡이기 때문에 곡의 '주제'를 확실하게 찾아 표현해야 합니다.

이런 관점에서 수많은 교육자나 편집자들이 원전판을 기초로 개편된 바흐 인벤션을 내게 되었고 아름출판사에서는 2중 높이 평가 받고 있는 오스트리아 렌트겐(Rontgen), 이태리의 부조니(Bosoni)판에 일본의 춘추사판, 전음판 등을 면밀히 검토, 연구하여 다음과 같은 점에 주안점을 두고 바흐 인벤션을 출판하게 되었습니다.

- 템포, 악상 기호의 표시
- 악곡의 형식
- 주제, 동기의 표시
- 아티큘레이션(스타카토, 레가토)의 명확성
- 프레이징(프레이즈를 나타내는 표)의 표시
- 꾸밈음의 현실화(원전판 꾸밈음표의 생략 및 간소화)

학습 요령

1. 인벤션은 하농이나 체르니 연습곡처럼 단순히 피아노의 테크닉을 공부하는 교재가 아니므로 동기나 주제의 선율 진행을 소홀히 하지 말고 꾸밈음을 정확히 표현하되 노래하듯이 마음으로 음악을 느끼며 연주하는 법을 터득해야 합니다.

2. 연주에 앞서 주제와 동기를 잘 파악하고 각 성부의 흐름이 축소 또는 확대, 자리바꿈 등이 되는지 충분한 악곡 분석과 이해를 통하여 충실히 학습할 경우 작곡 공부에도 도움이 되며 풍부한 음악적 소양을 쌓게 됩니다.

3. 템포는 지정된 것보다 약간 느리게 쳐도 좋습니다. 빨리 쳐서 음악적 표현이 동떨어지는 일이 없도록 주의하고 대위법적 다성(2성과 3성) 음악의 묘미를 이해하도록 노력합니다.

4. CD등을 통하여 음악을 먼저 들어보는 것도 필요하지만 바흐 연습은 양손을 분리해서 한손만으로 천천히, 충분히, 완벽히 연습하고 양손을 합치는 것이 비결입니다.

5. 곡의 난이도는 사람에 따라 견해의 차이가 있으나, 대체로 아래와 같은 순서로 연습합니다.

〈2성 인벤션〉

　1번 → 4번 → 8번 → 3번 → 10번 → 7번 → 2번 → 13번 → 14번 → 15번 → 5번 → 6번 → 11번 → 9번 → 12번

〈3성 인벤션〉

　1번 → 2번 → 3번 → 4번 → 15번 → 13번 → 12번 → 6번 → 8번 → 10번 → 7번 → 11번 → 14번 → 9번 → 5번

CONTENTS

15 INVENTIONEN
(2성)

15 SINFONIEN
(3성)

조성에 대하여

모든 음악 작품들은 각각의 곡마다 동기와 주제, 그리고 조성과 형식이 있습니다.
바흐의 인벤션과 신포니아의 특징은 대위법적인 기법을 사용하여 주제나 동기의 반복, 변형, 발전을 다양하게 구성하여 작곡되어져 음악을 배우는 모든 학생들에게 피아노 테크닉 향상은 물론, 음악에 대한 넓은 시야를 가질 수 있도록 도와주는 뛰어난 역할을 하지만 특히, 다양한 조성을 사용함으로써 조성에 대한 이해를 돕는데 교과서적인 역할도 하고 있습니다. 인벤션의 곡별 조성을 보면 2성부 15곡에 차례대로 사용된 조성이 3성부에서도 똑같이 사용되었음을 알 수 있습니다. 이에 각각의 곡에 사용된 조성을 서양 음악에서 사용되는 장조와 단조의 기본 5도권 도표를 통해 이해하시기 바랍니다 (서양 음악에서는 모든 장조·단조가 5도 관계로 연결되어 있습니다).
시계 방향은 완전5도씩 위로 갈 때의 5도권이며 시계 반대 방향은 완전5도씩 아래로 갈 때의 5도권입니다.

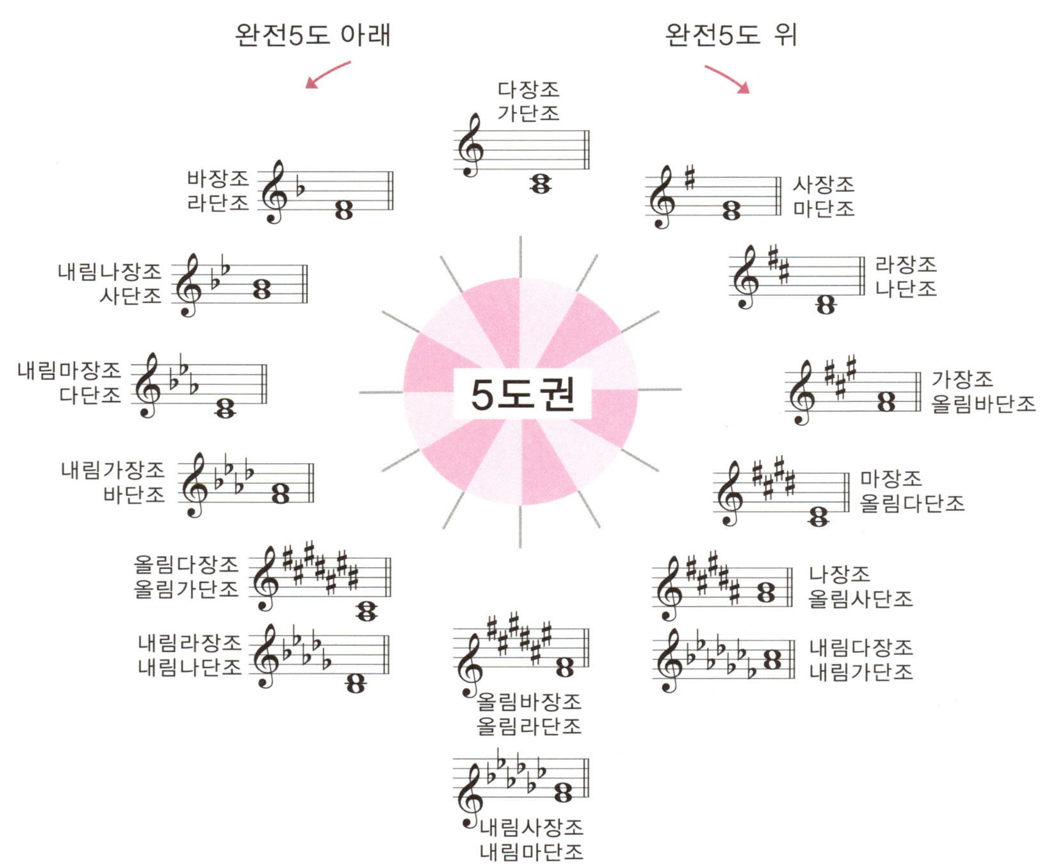

1. 인벤션 *(Inventionen)*

‘발명’, ‘창의’ 라는 뜻의 라틴어인 inventio에서 유래된 말로 원래 음악적으로는 다성적 기악 소곡을 가리키는 말이지만 현재는 바흐가 1772년에 완성한 2성 및 3성의 클라비어곡으로 더 알려져 있습니다. 바흐는 2성 곡에 대해 이 명칭을 붙이고 3성 곡에는 ‘신포니아’ 라는 명칭을 붙였는데 인벤션인 2성 15곡은 단일 악상을 2성으로 구분하여 대위법적으로 전개하였으며 소품이지만 매우 정교하고 치밀한 구성으로 이루어져 있습니다.

인벤션 제1번 다장조 **BWV 772**

- 세도막 형식(⌒ – 동기)

  A(1~7마디 첫음) + B(7~15마디 첫음) + C(15~22마디)

  ※ C부분은 카논 형식(동기나 주제를 일정한 간격을 두고 모방하는 형식)

- ∿ (모르덴트) : → · ∿ (프랄트릴러) : →

B
p
p
cresc.
f

C
mp
mp
cresc.
f
dim.
f
mf

인벤션 제2번 다단조 BWV 773

14

- 카논에 의한 두도막 형식(⌒ – 주제)

  A (1~11마디 첫음) + B (11마디~22마디) + coda

- *tr* (트릴) : →   • ∿ (프랄트릴러) : →

17
19
21
Coda
f
tr
23
25

인벤션 제3번 라장조 BWV 774

- 세도막 형식(⌒ – 동기)

  A (1~12마디 첫음) + B (12~42마디 2박) + C (42마디~54마디 첫음) + coda

- ∿ (턴:돈꾸밈음) : ① →   ② →   (음 개수에 따라 연주가 다름)

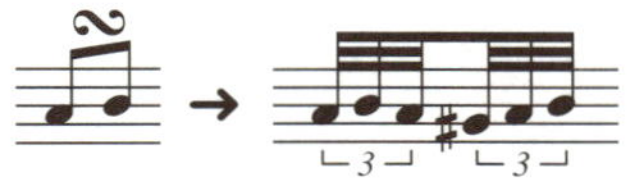

p

cresc.

mf
f
Coda
tr.
p
40
45
50
55
C

인벤션 제4번 라단조 BWV 775

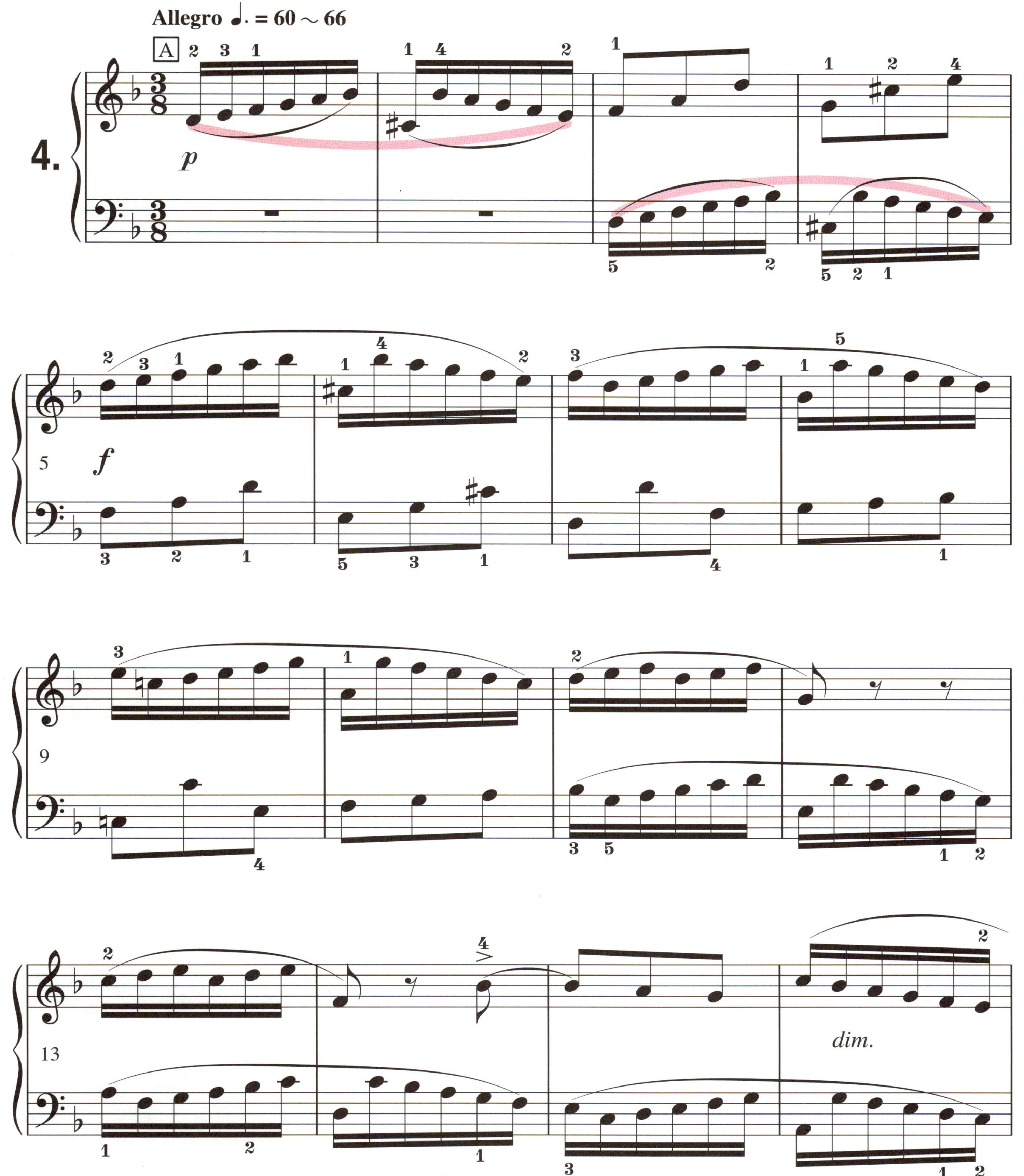

- 세도막 형식(⌒ – 동기)

  A(1~17마디) + B(18~38마디 첫음) + C(38~48마디) + coda

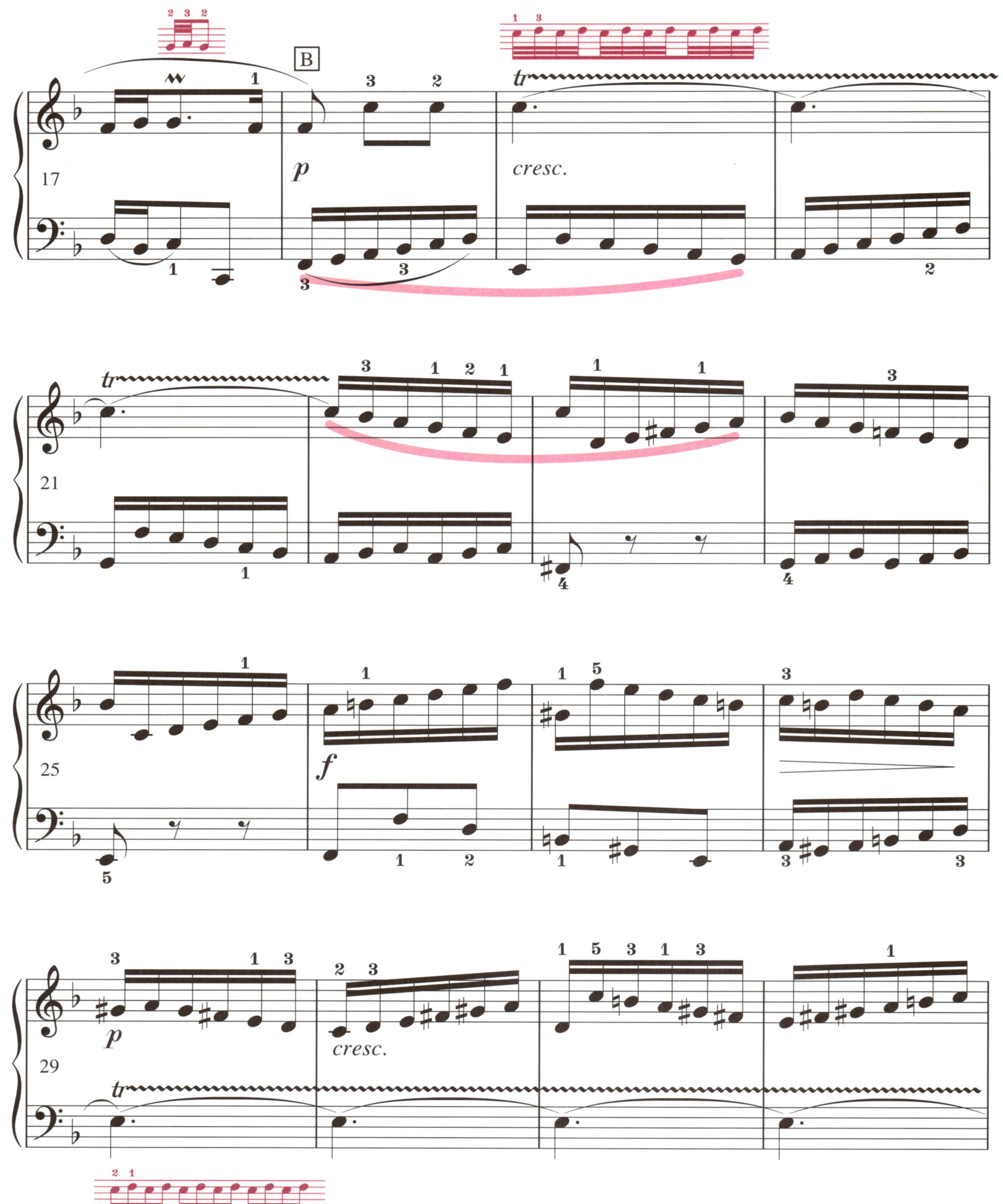

33
tr
37
C
p
41
cresc.
f
f
45
Coda
dim.
49

인벤션 제5번 내림마장조 BWV 776

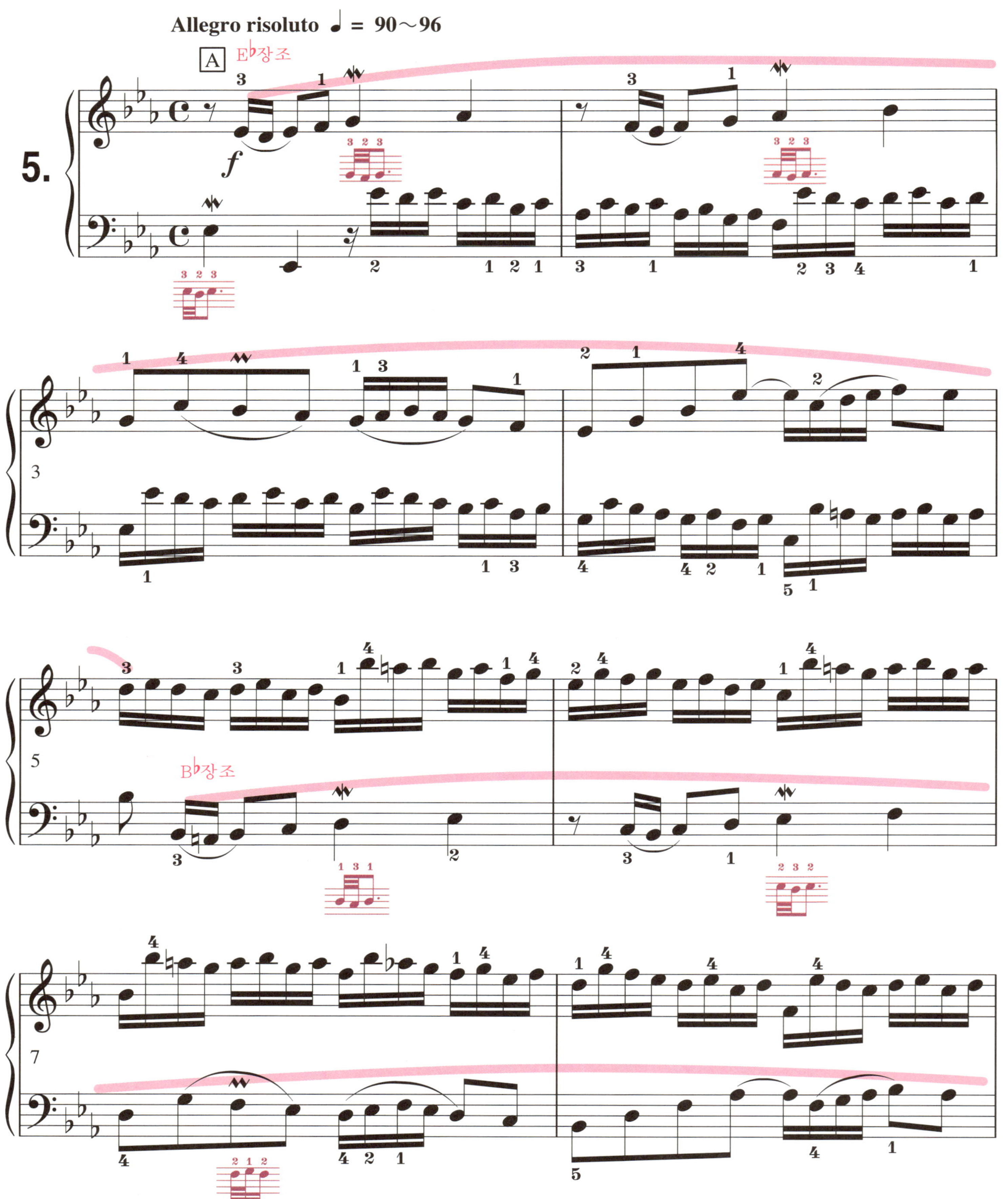

- 푸가풍의 두도막 형식(⌒ – 주제)

  A (1~12마디 첫음) + B (12~27마디 첫음) + Coda

- 푸가(Fuga) : 주제(Thema)가 조성에 따라 진행하며 간주를 수반한다.

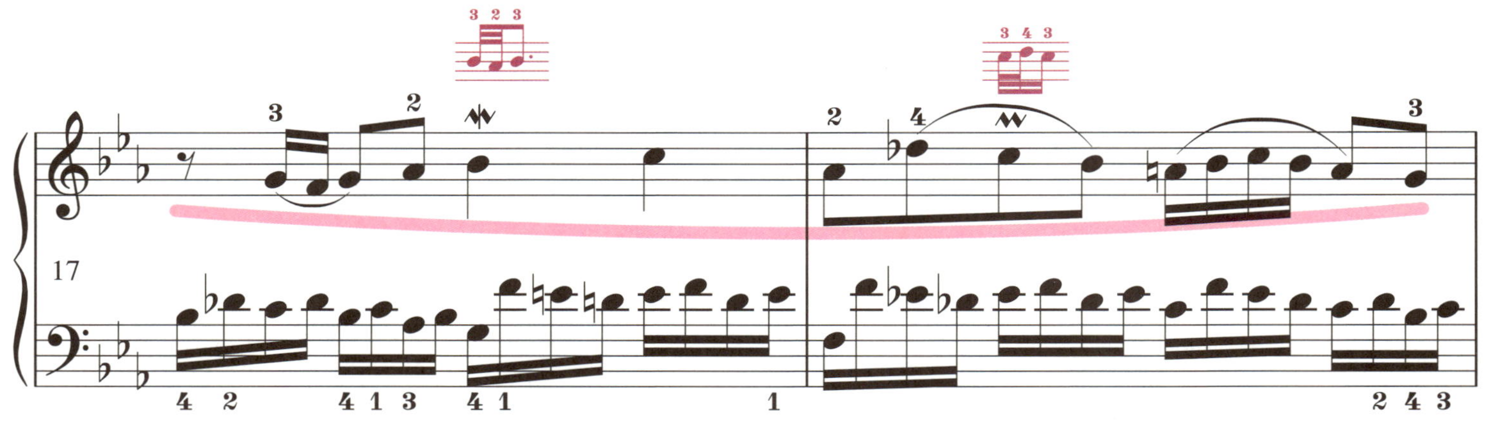

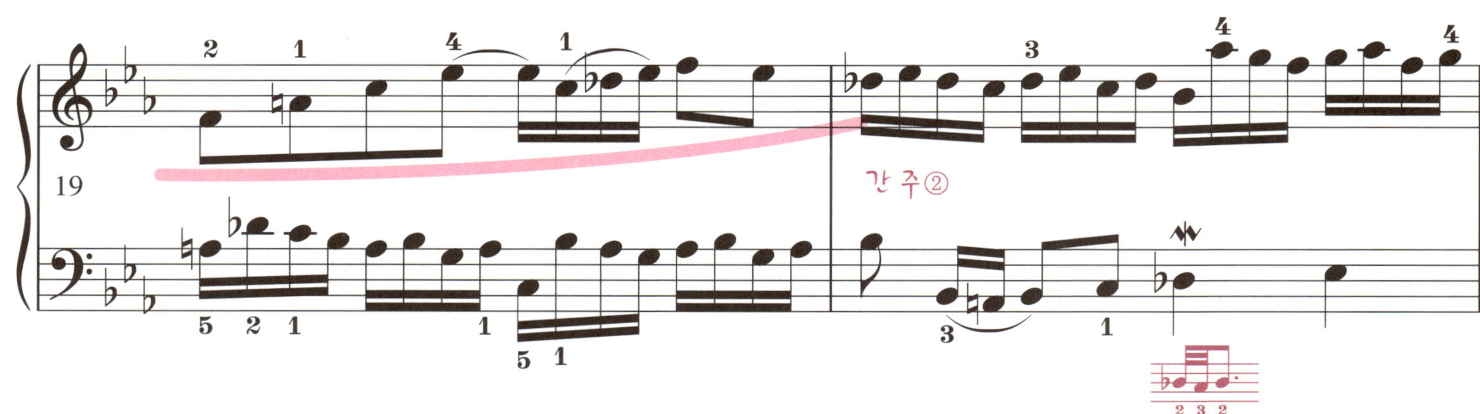
간주②

25
Coda
E♭장조
27
29
rit.
31

인벤션 제6번 마장조 BWV 777

- 푸가풍의 세도막 형식(⌒ – 주제, ⌐⌐⌐ – 대주제)

  A(1~20마디) + B(21~42마디) + A'(43마디~62마디)

- 소나타 형식의 〈주제 제시부〉 + 〈전개부〉 + 〈재현부〉와 유사한 진행을 하고 있음.

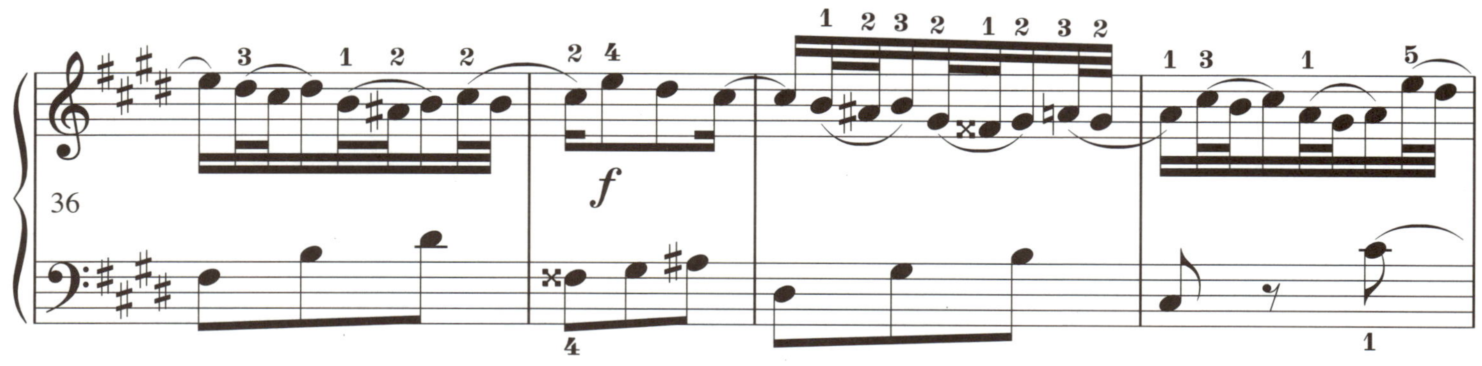

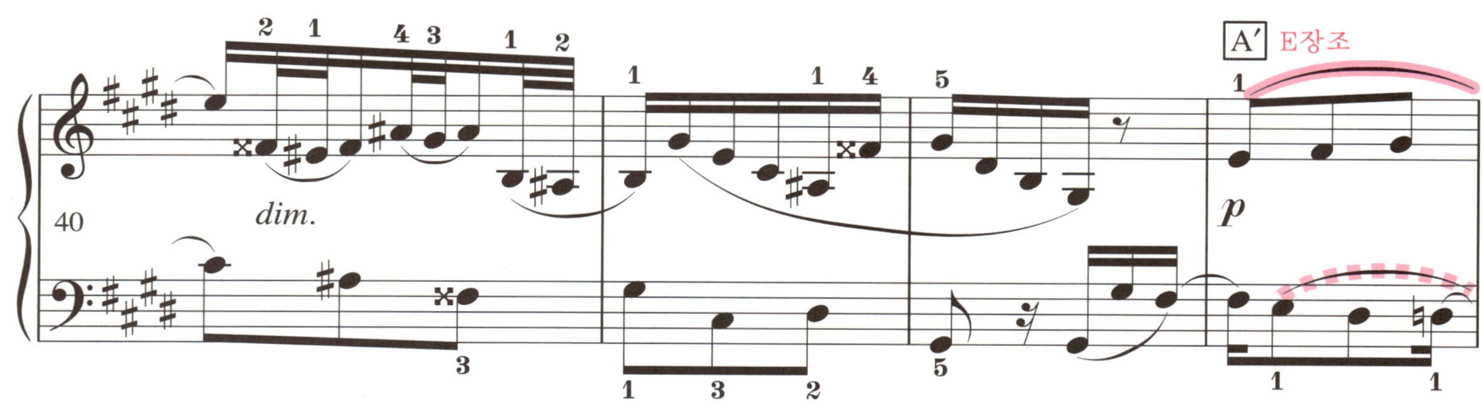
A'
E장조

48
cresc. poco a poco
3
5 3 1
1 3
1 4
52
2 4 5
2 1 3
1 3 5
1 2 4
1 5
1
4
1 2 3 5
1 2 4
56
1
5
f
4
1 2 1
1 3 2
1 2
60
3 1 2 3 5
3 3 5
4
p
5
2 3 1

인벤션 제7번 마단조 BWV 778

- 세도막 형식(⌒ – 동기, ⌒⋯ – 대위구)

  A (1~7마디 첫음) + B (7~15마디 3박) + C (15~21마디) + coda

- A, B 에서 동기, 대위구 및 변형된 대위구를 대위법인 기법으로 전개함.

  C 는 A 나 B 의 동기를 자유롭게 전개함(coda에서 제자리를 찾아 마치고 있음).

B
tr
cresc.
p
f
p
p
f
p

인벤션 제8번 바장조 **BWV 779**

- 카논에 의한 세도막 형식(⌒ – 동기, ⸱⸱⸱⸱ – 대위구)

  A(1~12마디 첫박) + B(12~26마디 첫음) + C(26~34마디)

- 동기와 대위구를 하나의 주제(Thema)로 보고 연주한다.

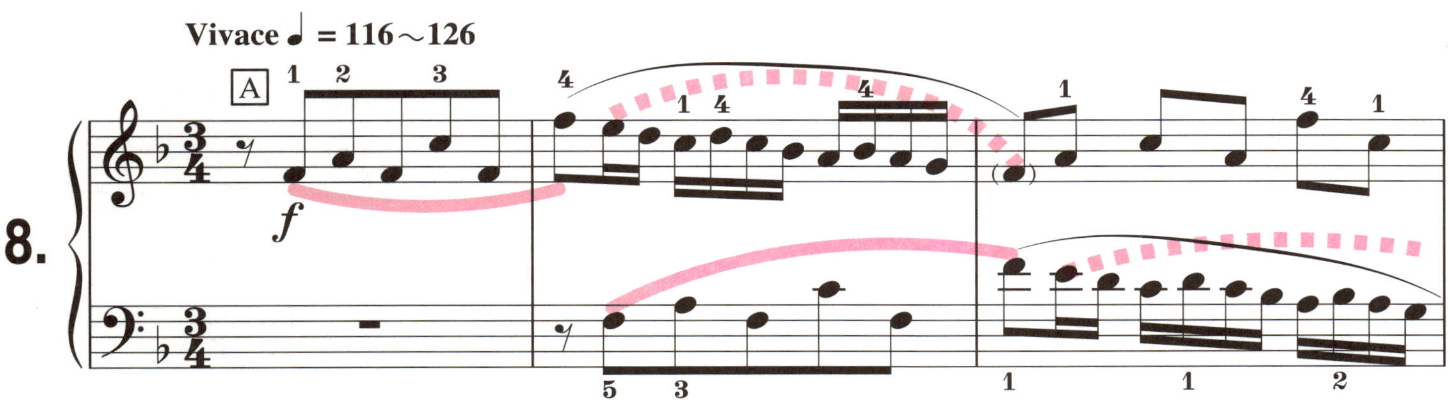

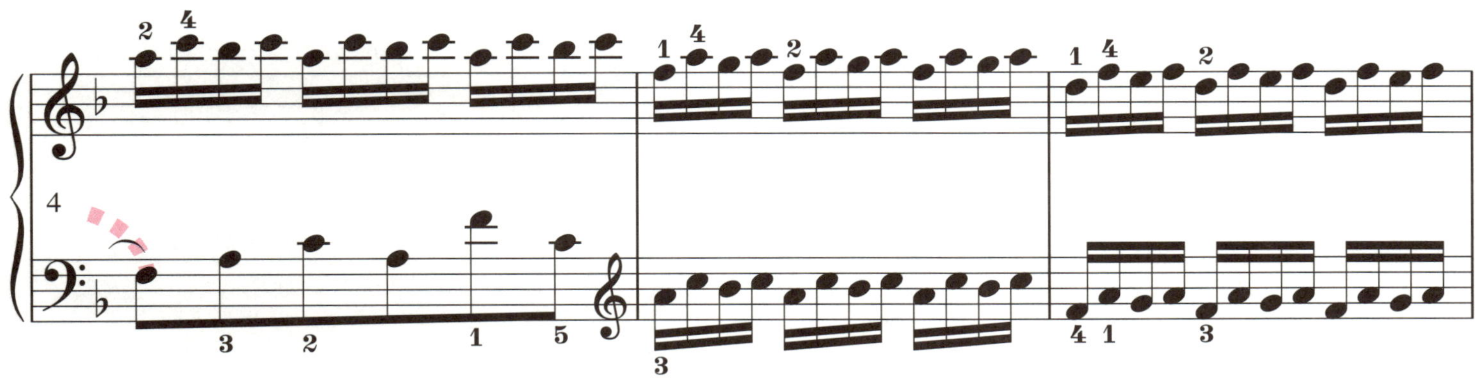

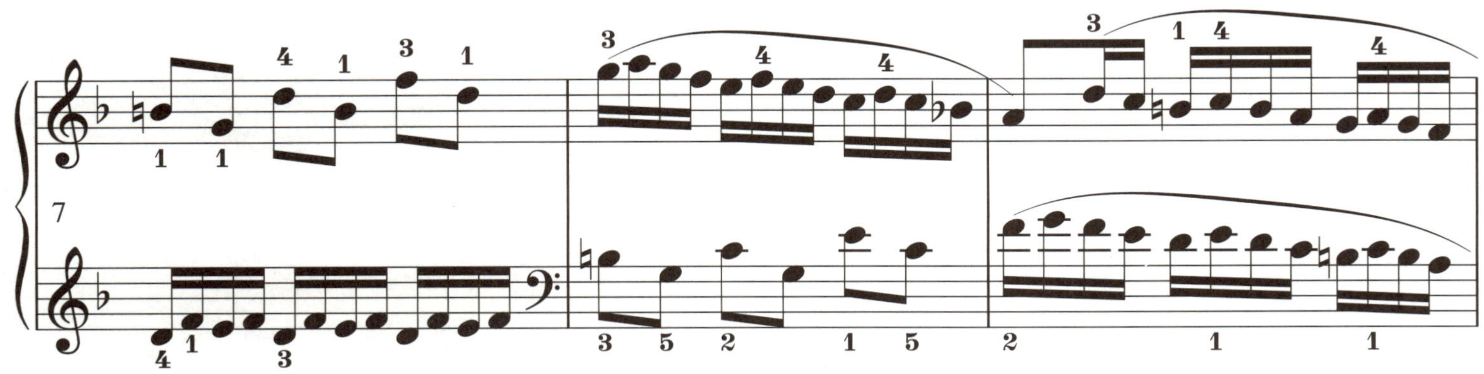

B
p
cresc.

22
C
f
25
28
dim.
sf
31

인벤션 제9번 바단조 BWV 780

- 푸가풍의 두도막 형식 (⌒ – 주제, ⌒⋯ – 대주제)

  A (1~16마디) + B (17~28마디) + coda

- 푸가 : 주제(Thema)가 조성에 따라 진행하며 간주를 수반한다.

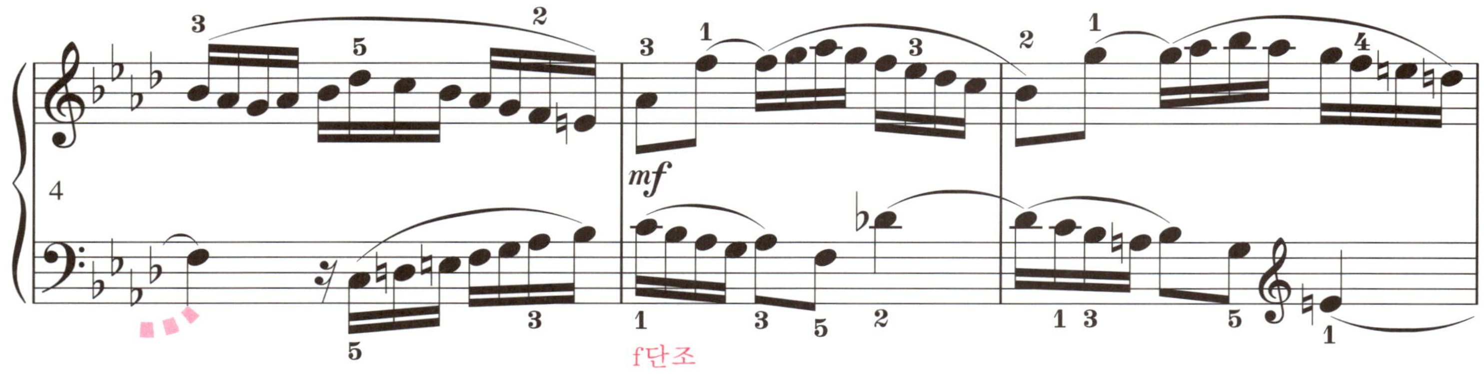

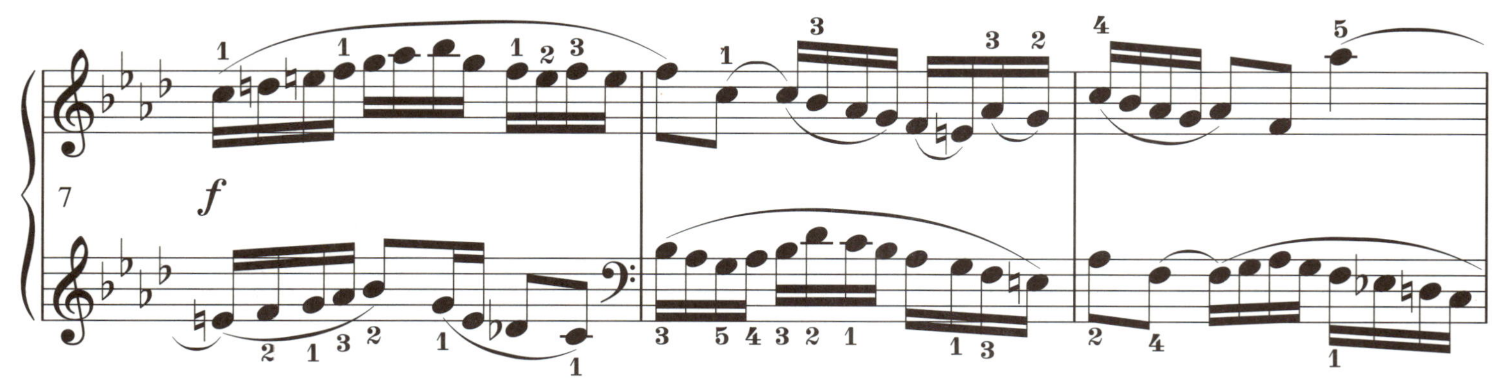

10
13
16
19
B
p
c단조
cresc.
mf
간주 ①

22
cresc.
f
25
dim.
간주②
28
p
Coda
mf
f단조
cresc.
31
f
rit.

인벤션 제10번 사장조 **BWV 781**

- 두도막 형식(⌒ – 주제)

  A(1~14마디 첫음) + B(14~26마디) + coda

- 원본에는 non legato로 연주하라는 지시가 있으나 legato로 연주해도 무방함.

- $\frac{9}{8}$박이나 한 마디를 3박으로 연주한다.

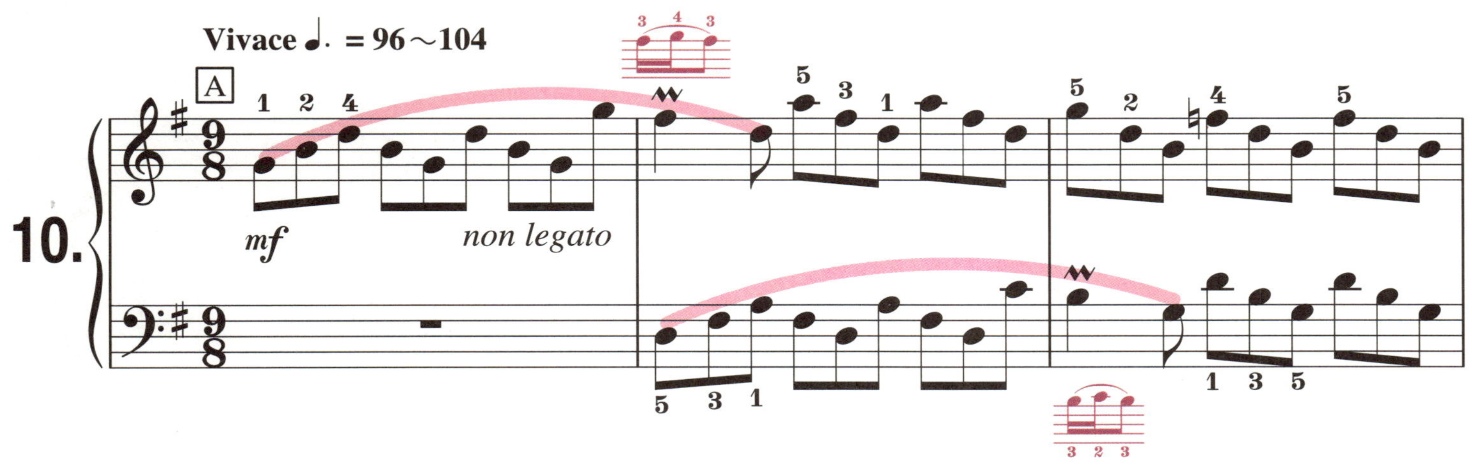

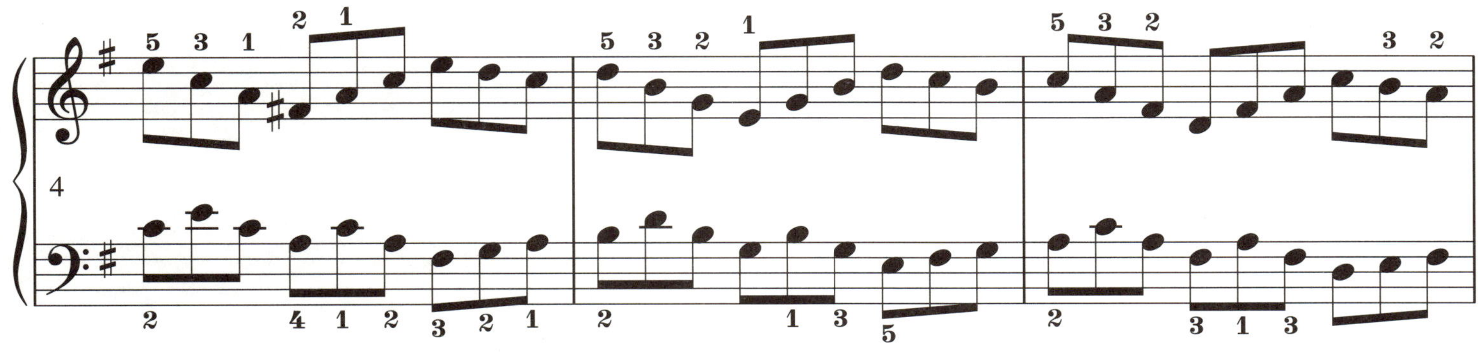

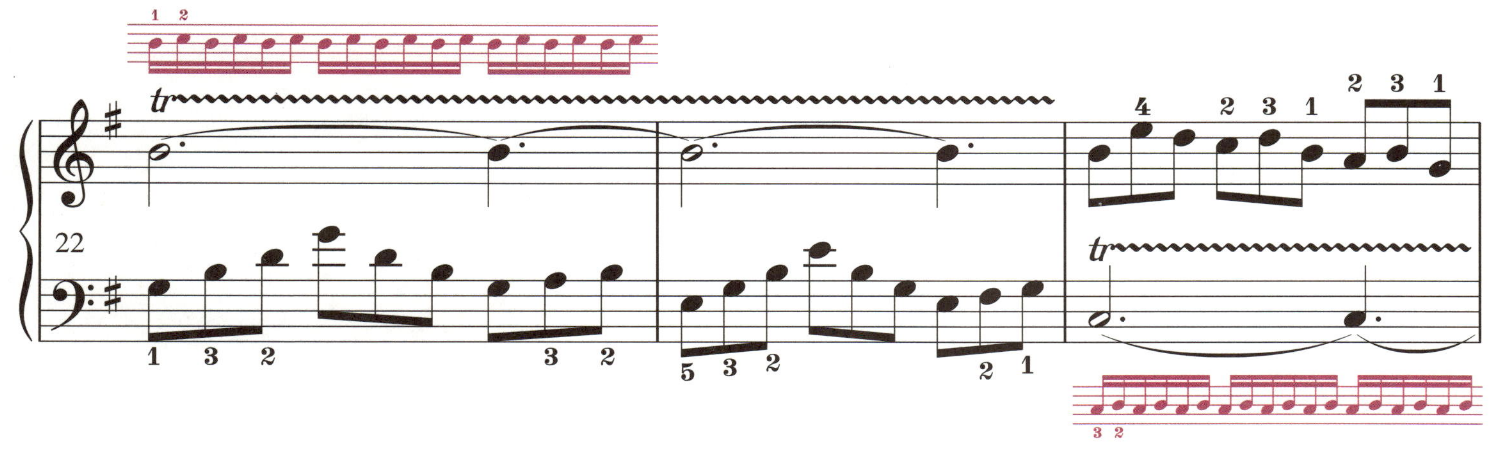

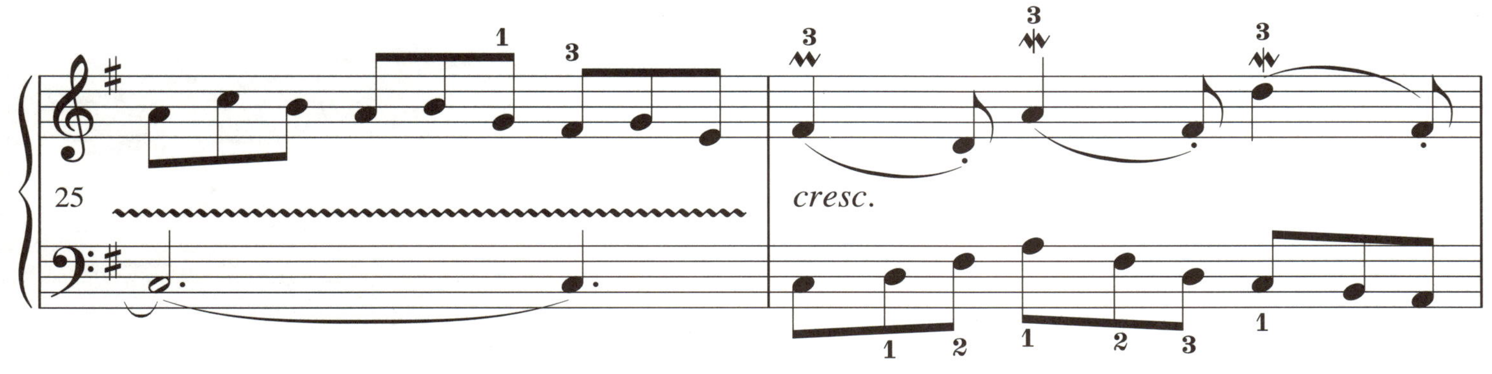
cresc.

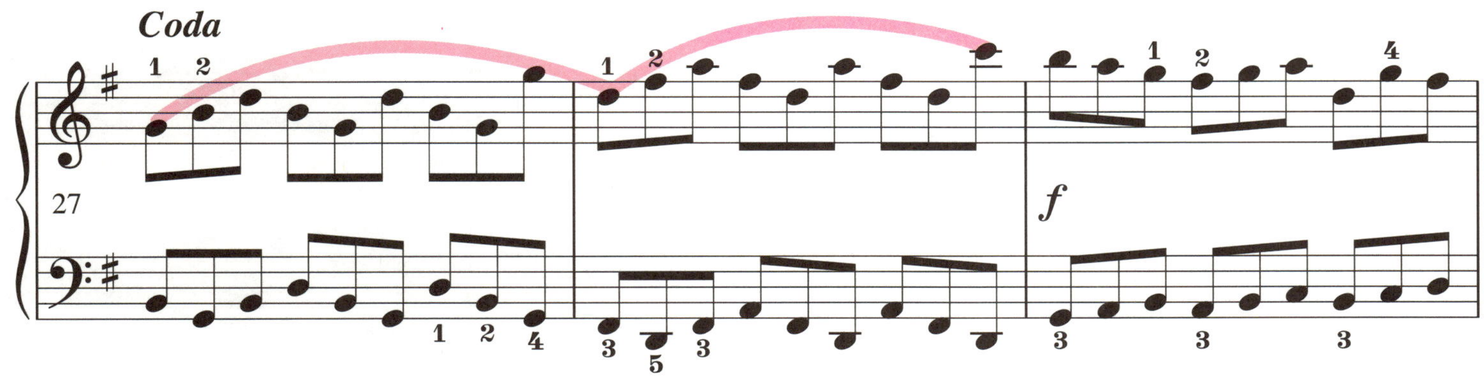
Coda
f

dim.
mf

인벤션 제11번 사단조 BWV 782

- 푸가풍의 두도막 형식(⌒ – 주제, ⌒⋯ – 대주제)

  A(1~11마디 첫음) + B(11~23마디)

- 주제는 slur 가 없어도 legato 로 연주함.

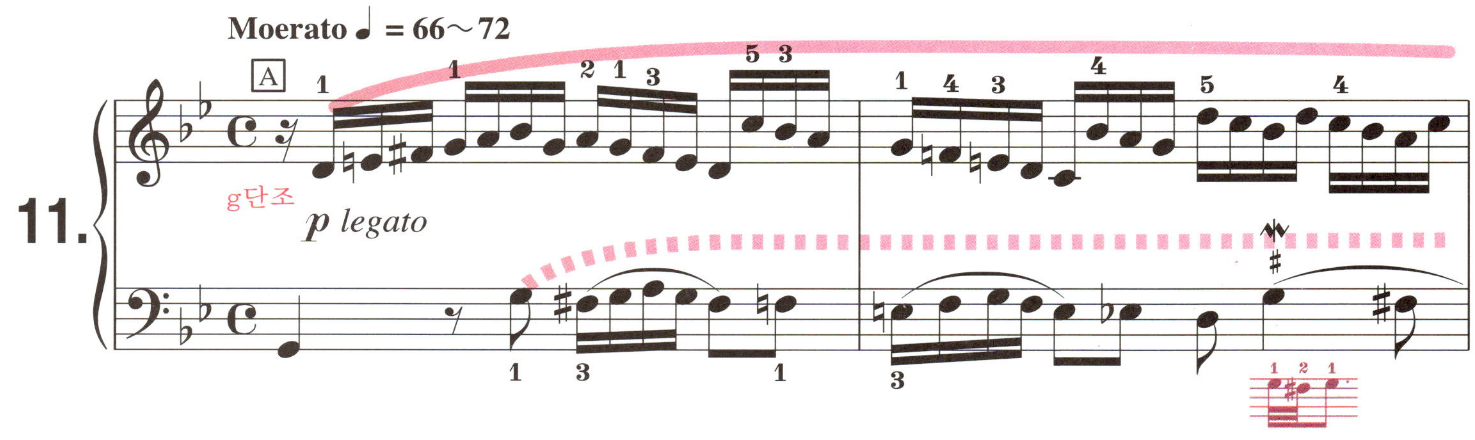

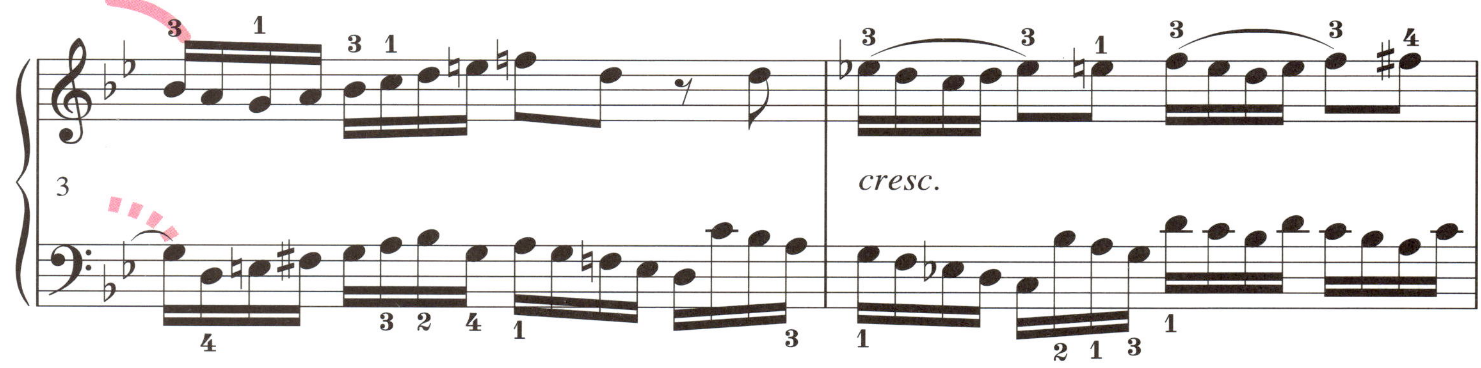

cresc.
d단조
간주②
tr
B
간주③ mf
c단조
cresc.

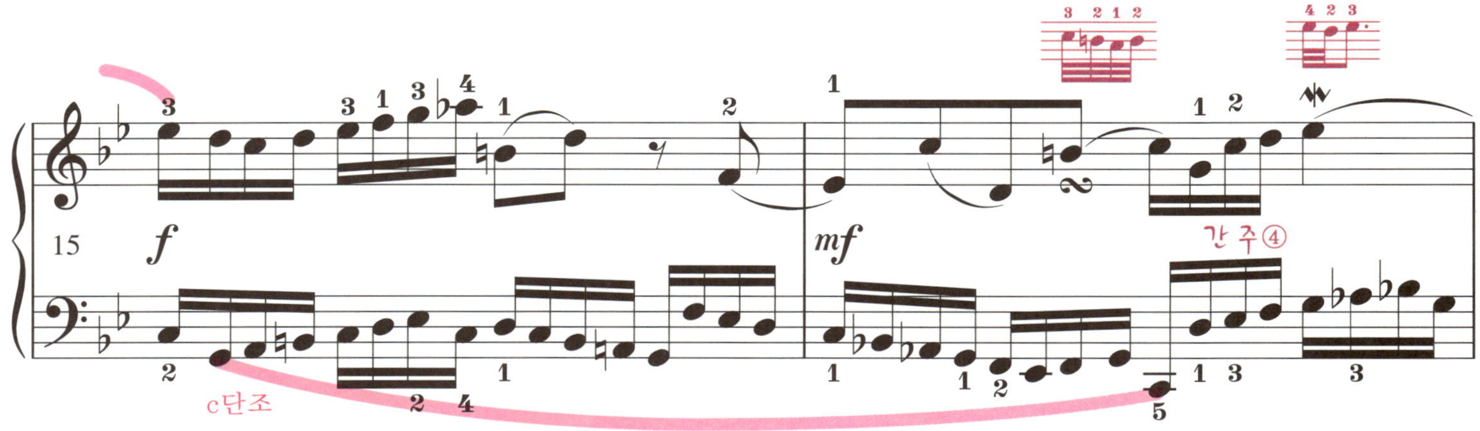
15
f
mf
c단조
간주④

17
g단조

19
cresc.
간주⑤

21
dim.
p

인벤션 제12번 가장조 BWV 783

- 두도막 형식(⌒ - 주제, ⌒ - 대주제)

  A(1~8마디) + B(9~17마디) + coda

- 이 곡은 주제가 두 개가 나오며 legato 로 연주한다.

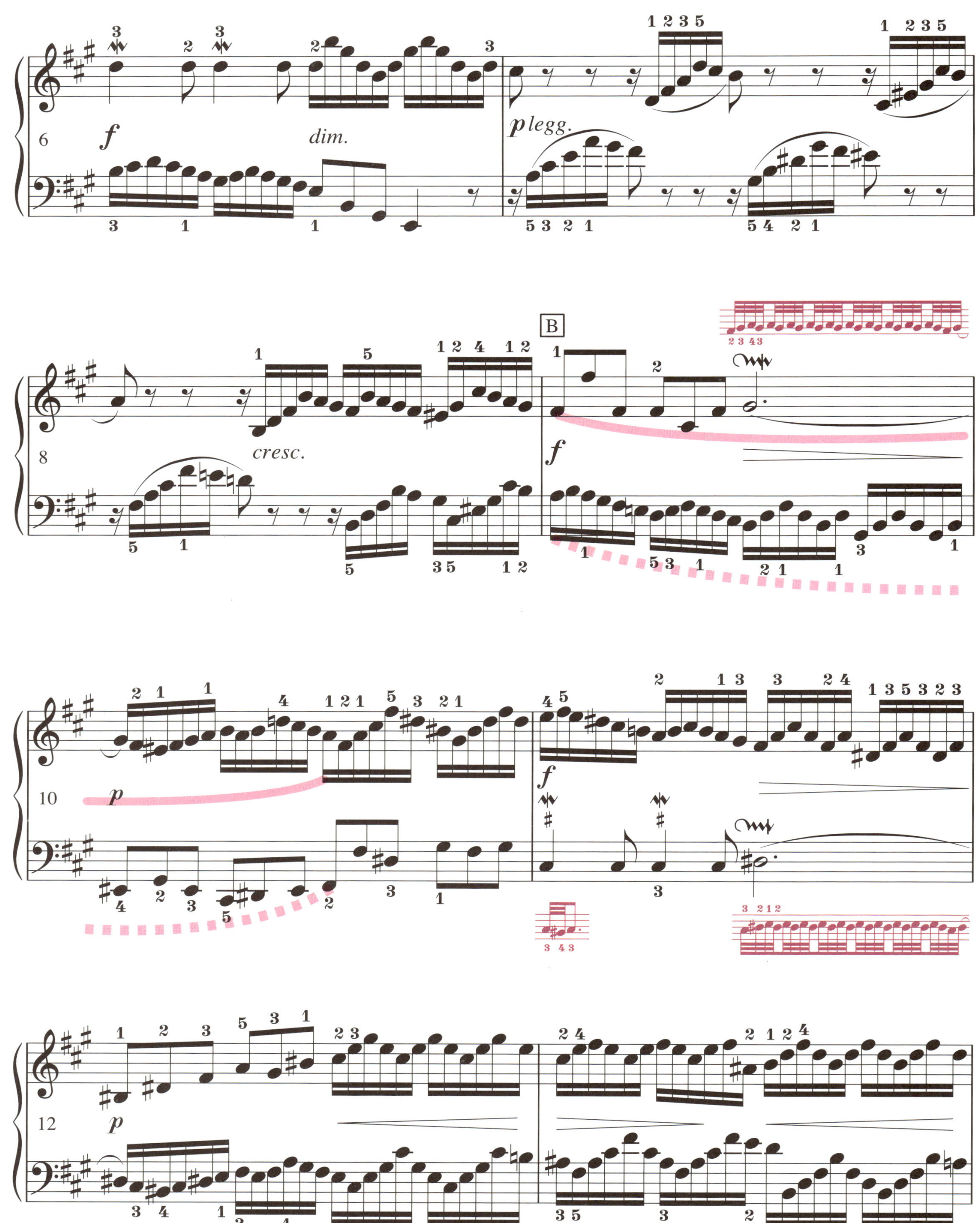

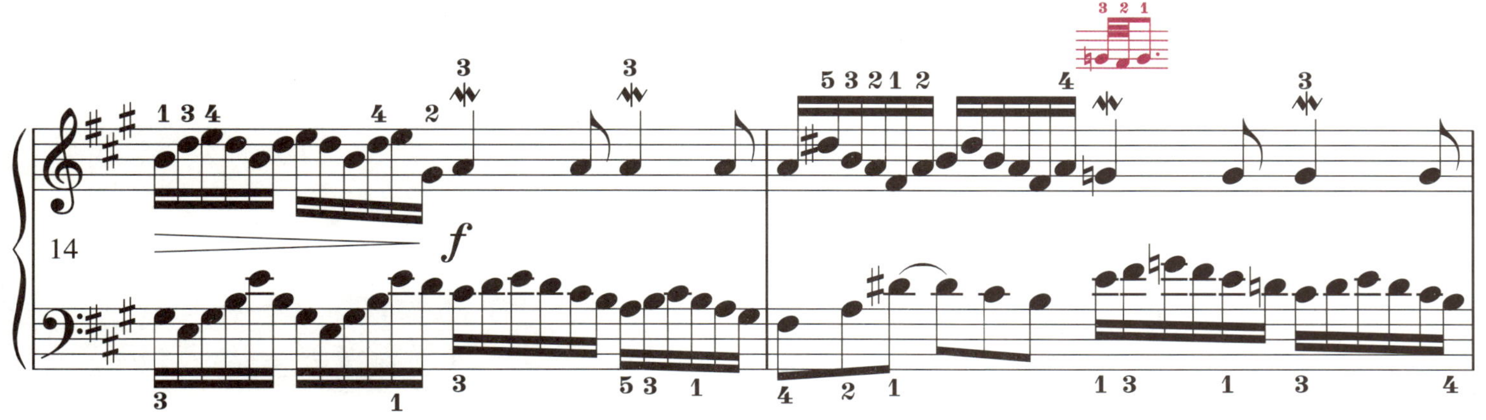

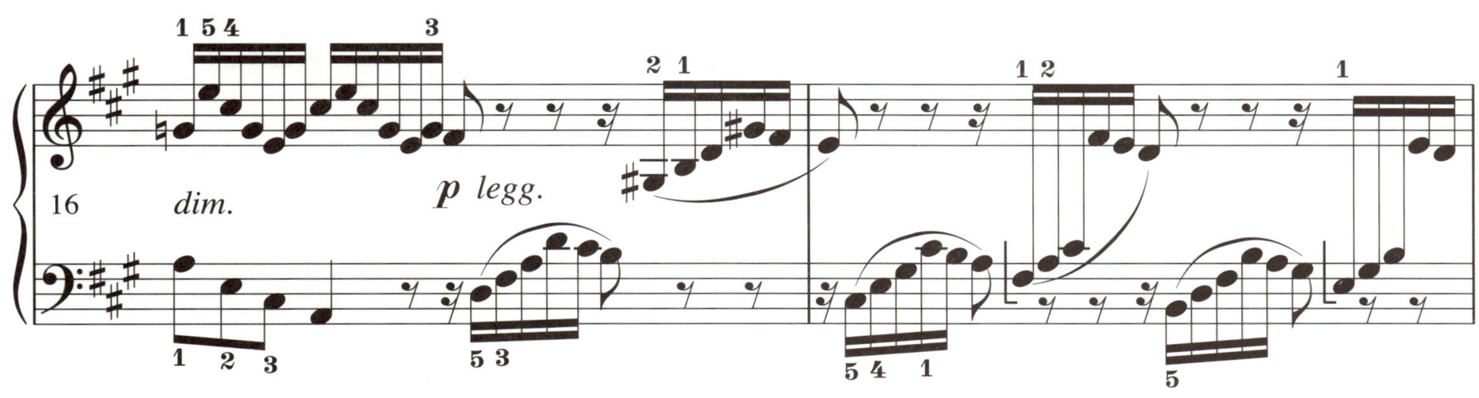

Coda

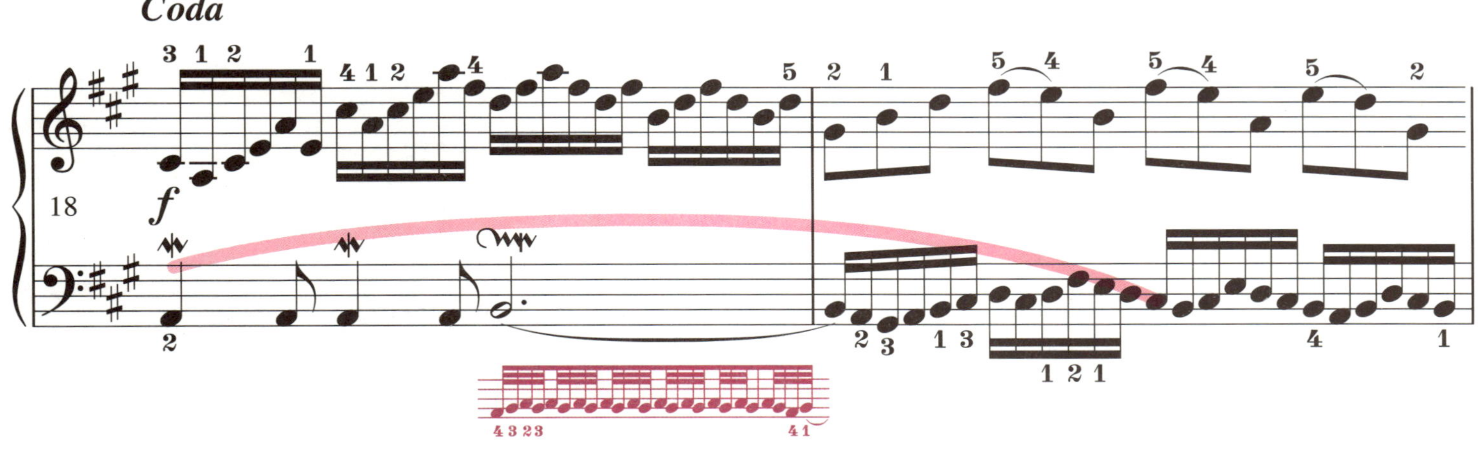

인벤션 제13번 가단조 BWV 784

- 세도막 형식(⌒ – 동기, ⌒ – 대위구)

  A (1~6마디 3박) + B (6마디~13마디) + C (14~25마디)

- C 는 동기와 대위구를 발전시키면서 대위법적인 기법을 표현했다(소나타 형식의 발전부 느낌).

인벤션 제14번 내림나장조 **BWV 785**

- 두도막 형식(⌒ – 동기)

  A (1~12마디 첫음) + **B** (12~20마디)

- 동기 a와 반진행하는 동기 a′를 하나의 주제로 본다.

- **B**는 카논 형식으로 새로운 동기 b를 썼으나 16마디에서 **A**의 동기를 사용했다.

7
9
11
B
cresc.
13
f

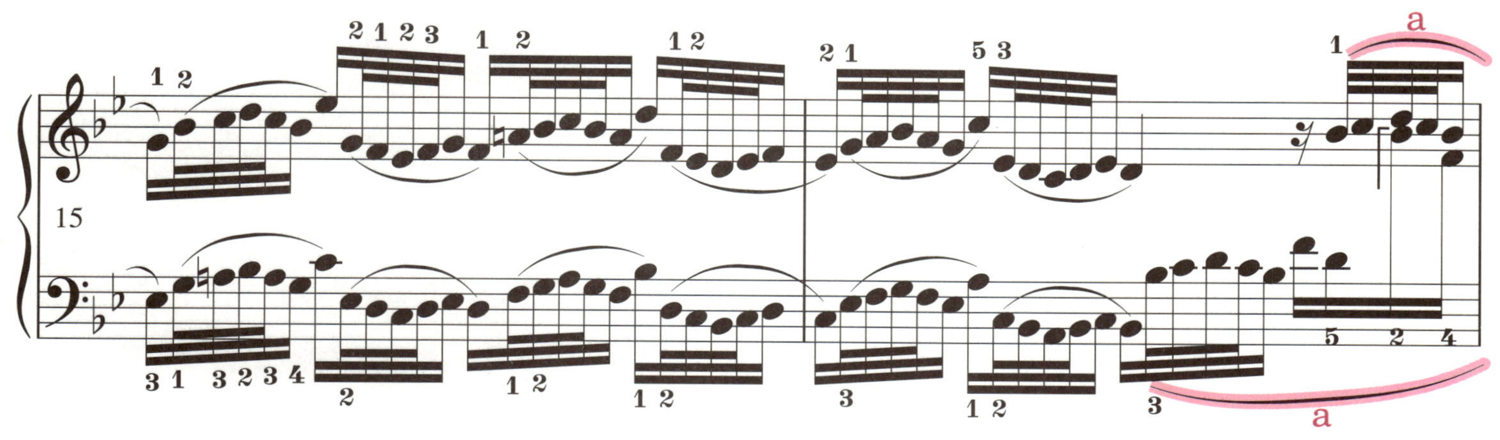

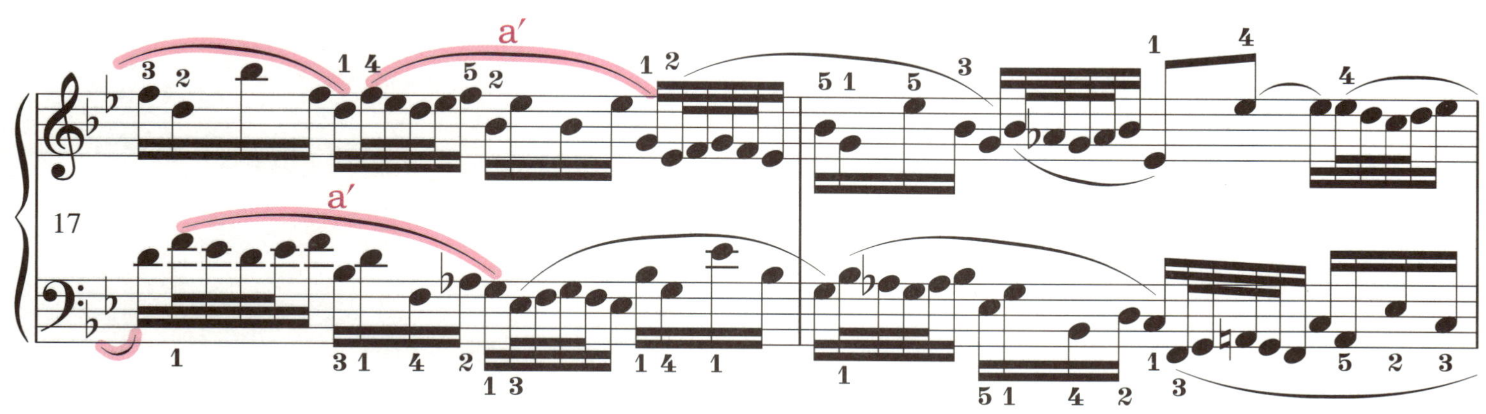

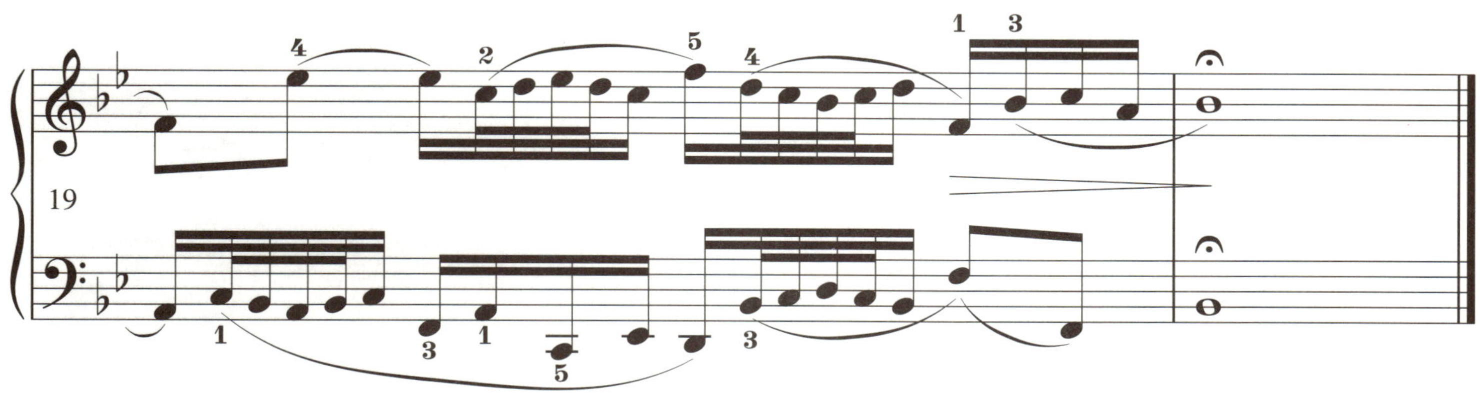

〈J.S. 바흐의 2성 인벤션 자필 악보〉

인벤션 제15번 나단조 **BWV 786**

- 두도막 형식(⌒ − 주제)

  A(1~12마디 첫음) + B(12~22마디)

- 간주는 2곳에 나옴.

- 8마디 왼손의 ♩♩♪♩♩♪ 를 non legato 로 연주할 수도 있다(15~16마디도 동일).

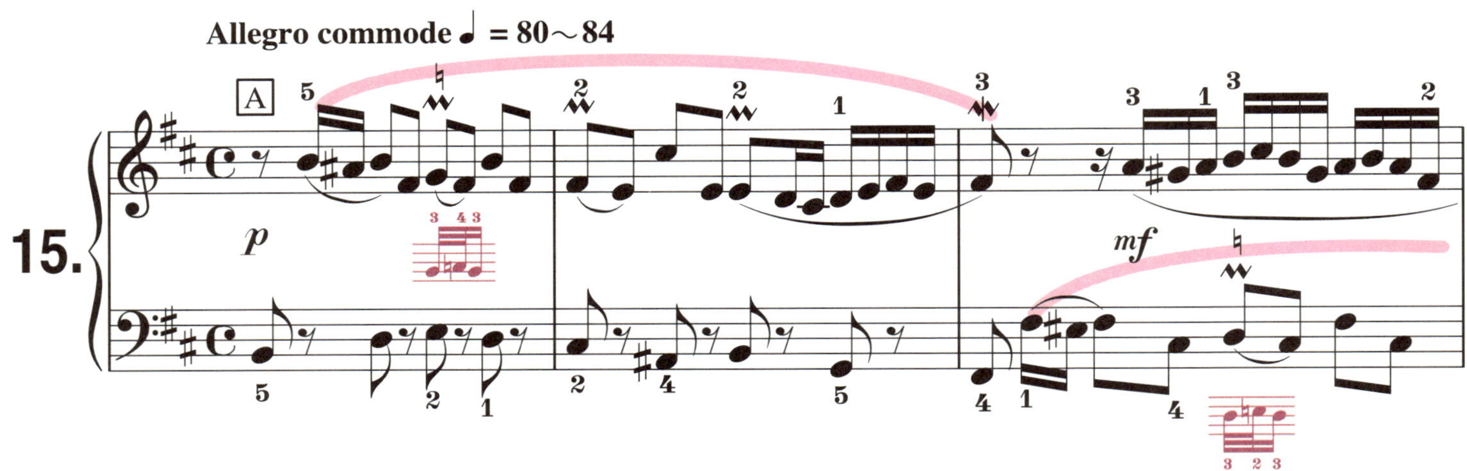

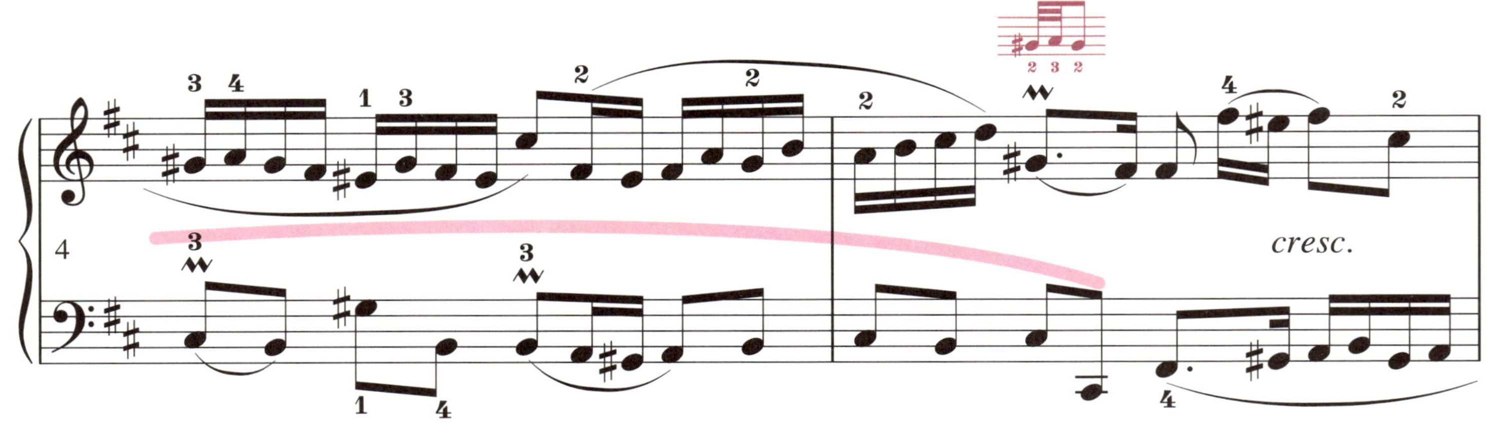

f
간주①
dim.
B
p
cresc.

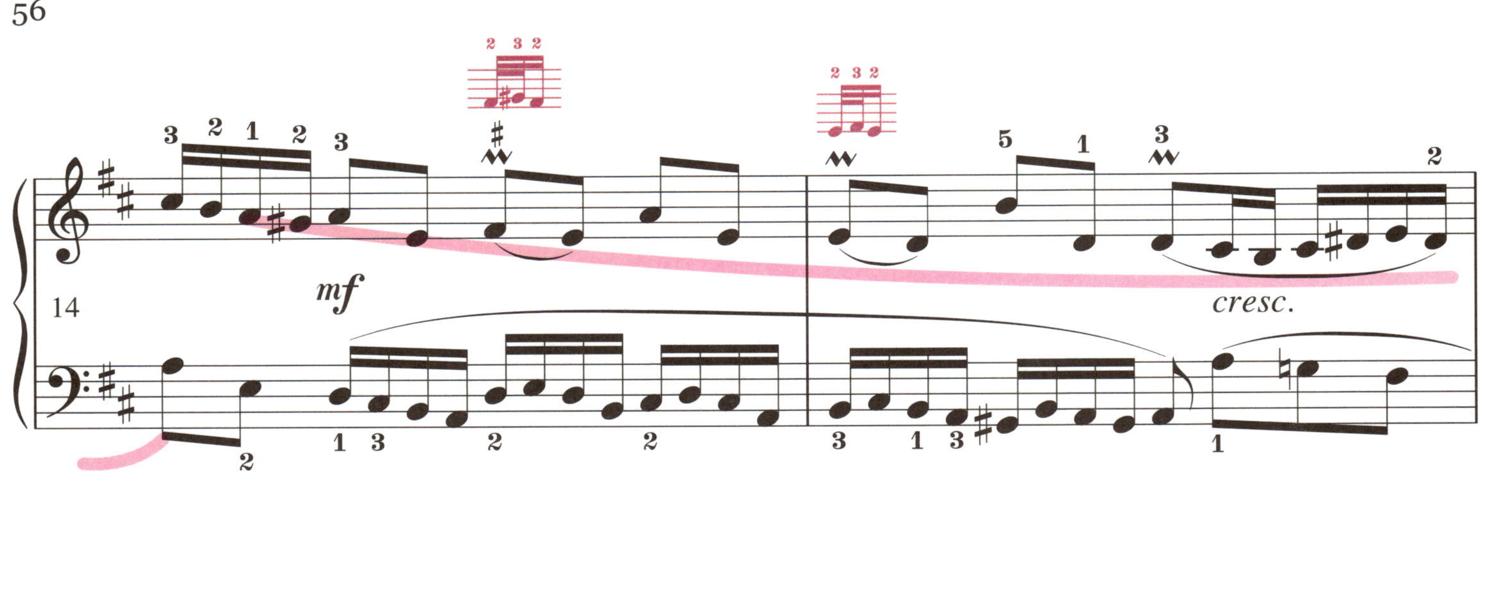

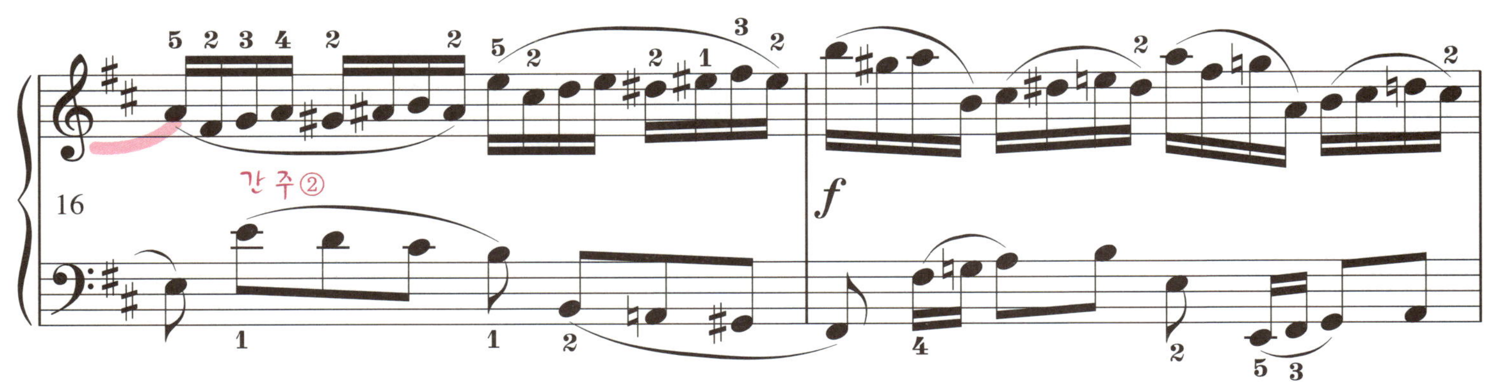

2. 신포니아*(sinfonien)*

   '교향곡'을 뜻하는 이탈리아어로 시대에 따라 뜻과 형식이 다르지만 초기 바로크에서는 오페라, 칸타타에 삽입된 기악곡을 신포니아라고 불렀으며 전기 고전파의 교향곡 발전에 큰 영향을 주었습니다.
  바흐는 자신의 2성 인벤션과 구분하기 위하여 '신포니아' 라는 명칭을 3성 인벤션에 붙였는데, 이후 3성 인벤션의 원제로 더 알려지게 되었습니다.
바흐의 3성 인벤션인 '신포니아' 는 단일 악상을 3성으로 구분하여 대위법적으로 전개하였지만 화성적 진행과 자유로운 진행도 있는, 2성 인벤션보다 좀 더 창의적인 소품입니다.

신포니아 제1번 다장조 **BWV 787**

- 세도막 형식(⌒ – 주제)

  A (1~7마디 첫음) + B (7~13마디 첫음) + C (13~21마디)

- 곡 전체가 주제만으로 구성된 명쾌한 곡으로, 주제는 윗성부・가운데성부・아랫성부에서 조화롭게 진행된다.

※성부 구분을 쉽게 알 수 있게 신포니아에서는 3성 중에서 가운데 성부를 색으로 표시함.

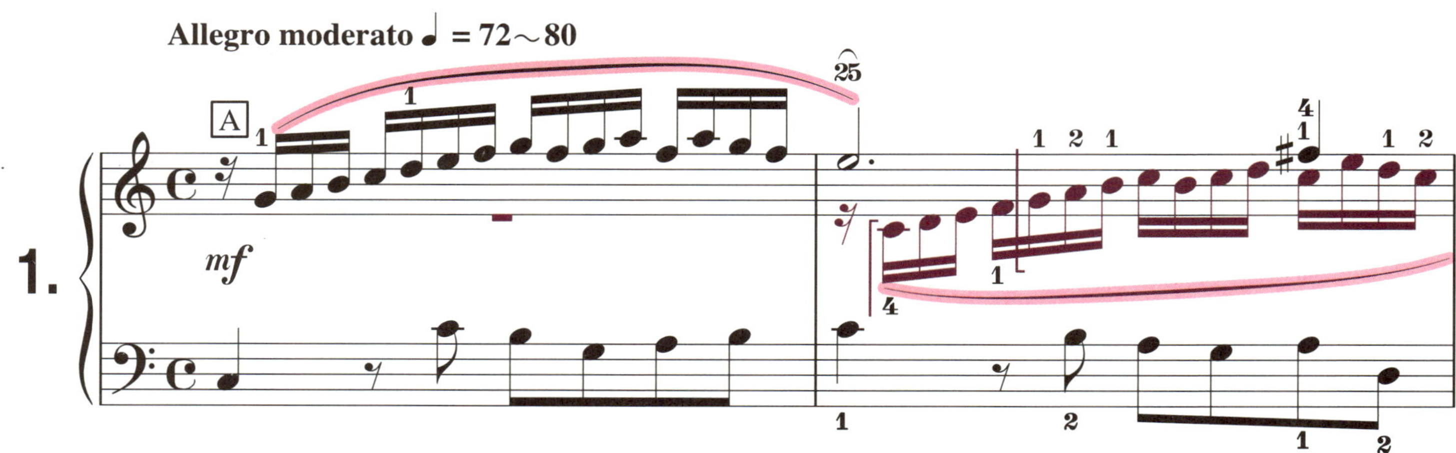

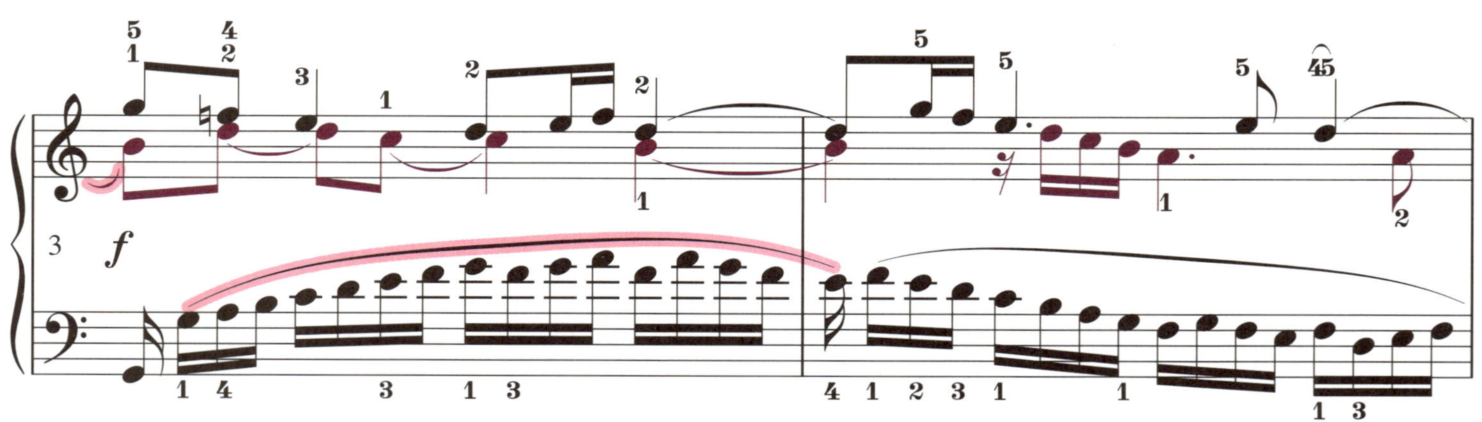

C
13
f
15
17
cresc.
19
f
p

대위법에 대하여

서양 음악에서 가장 기본적인 기법이자 원리인 대위법(counterpoint)은 '음표 대 음표'라는 뜻의 라틴어인 '푼크투스 콘트라 푼크룸'에서 유래된 말로, 독립된 두 개 이상의 선율을 동시에 결합시키는 작곡기법을 말합니다.

일반적으로 음을 수직적으로 결합한 것을 화성법, 수평적으로 결합한 것을 대위법이라 말하는데 다성 음악이라고도 불리는 대위법은 각 성부가 독립적인 선율을 지니지만 일정한 규칙에 따라 결합하며 조화롭게 진행하는 특징이 있습니다.

서양음악의 역사에서는 16세기 말까지를 다성 음악의 시대, 18세기 후반부터 19세기 말까지를 화성 음악의 시대, 그리고 17~18세기와 20세기를 다성 음악과 화성 음악의 공존 시대로 보고 있습니다.

다성 음악의 역사는 9세기까지 거슬러 올라가지만 13세기 이후에 체계적으로 발달하였으며, 대위법이 가장 발달한 15~16세기에 들어서 여러 성부끼리 모방하는 모방대위법이 성립되었는데 음악의 역사에서 볼 때, 모방대위법의 성립은 서양 미술에서의 원근법 성립과 맞먹는 중요성을 지니고 있습니다. 성부끼리 모방하는 모방대위법에서 가장 엄격한 형태가 〈카논〉이며 더욱 발전된 형태가 〈푸가〉인데 이를 종합하여 고전적 대위법을 완성한 사람이 팔레스트리나입니다.

16세기까지의 대위법은 교회선법의 영향으로 수평적 결합을 중요시함으로 인해 '선적대위법' 또는 '순수대위법'으로 불리고 있으며 조성이 확립된 17~18세기에는 대위법도 조성의 영향을 받아 화성진행에 바탕을 두게 되는데 이것을 '화성적대위법'이라고 합니다. 이 '화성적대위법'을 정점에 이르게 한 사람이 J.S. 바흐입니다.

18세기 말에서 19세기에 이르는 고전파와 낭만파 시대에는 화성법에 의한 화성진행이 고도로 발달되어 대위법의 중요성이 점차 줄어들었지만 곡의 일부에서는 중요한 기법으로 소나타형식의 전개부 등에 많이 사용 되었으며 20세기 이후, 근·현대 음악의 출현과 함께 기본적인 기법의 하나로 다시 부활하고 있습니다.

신포니아 제2번 다단조 BWV 788

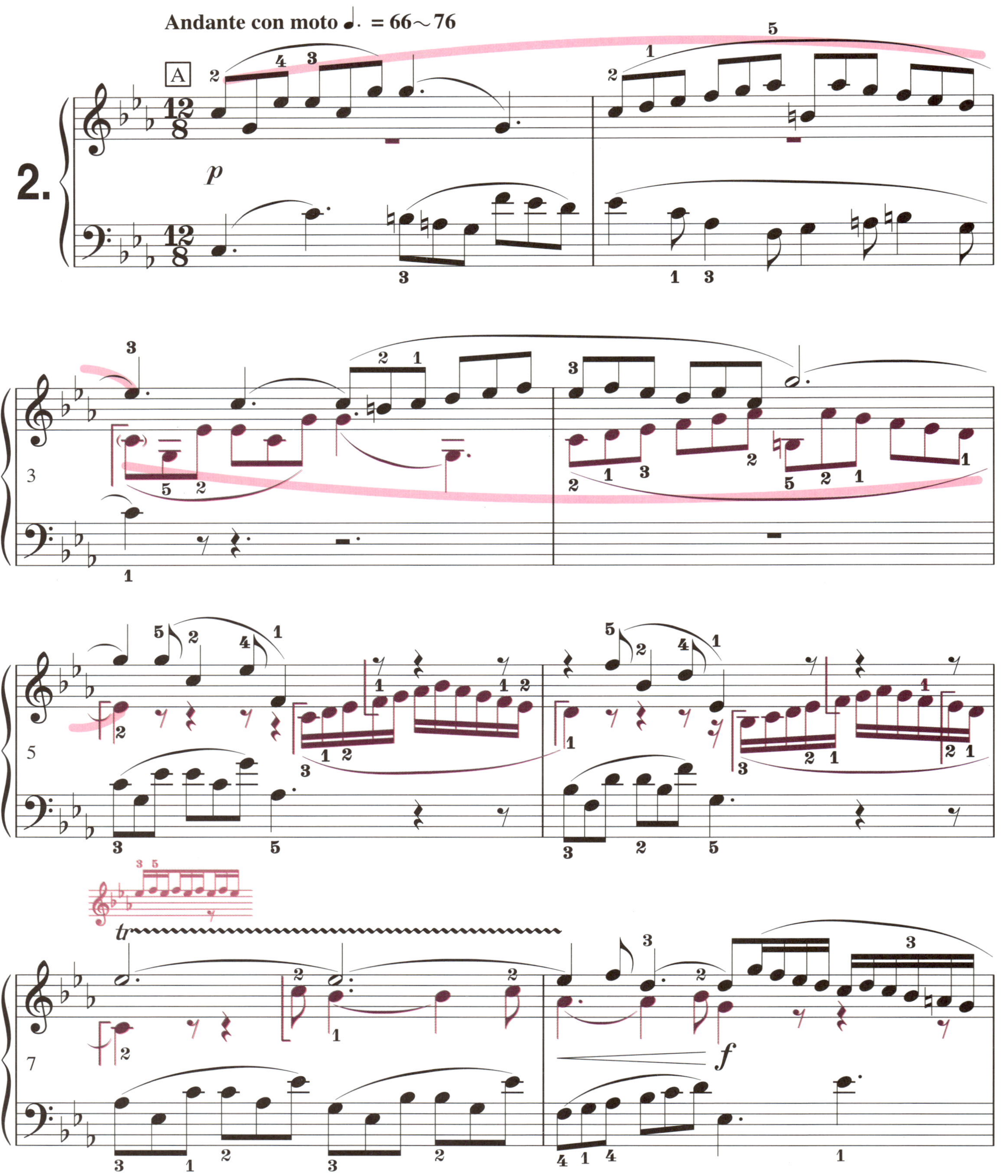

- 두도막 형식(⌒ – 주제)

  A (1~18마디) + B (19~32마디)

- 푸가가 아닌 대위법적인 곡이다(B 는 소나타 형식의 전개부 느낌을 준다).

25
sempre f
27
p
cresc.
29
tr
f
31

신포니아 제3번 라장조 BWV 788

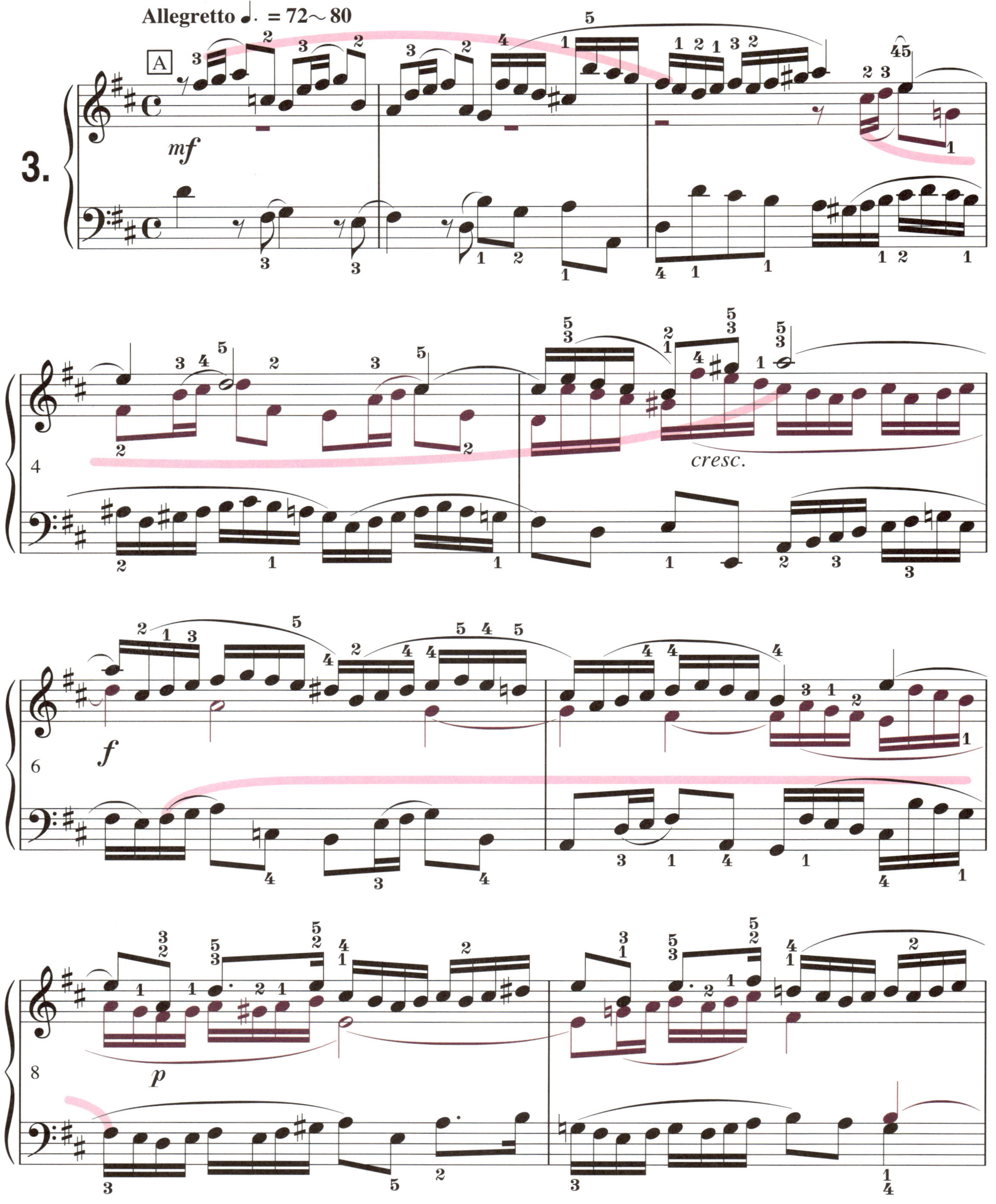

- 두도막 형식(　　　 – 주제)

  A (1~14마디 3박 첫음) + B (14마디 3박~25마디)

- 푸가에서 흔히 사용되는 리듬 패턴에 의한 주제가 성부 별로 조화롭게 진행되고 있다.

신포니아 제4번 라단조 **BWV 790**

- 두도막 형식(⌒ – 주제)

  [A] (1~13마디 3박 첫음) + [B] (13~20마디 첫음) + coda
- 주제가 윗성부, 가운데성부, 아랫성부에서 반복되는 작은 푸가이다.

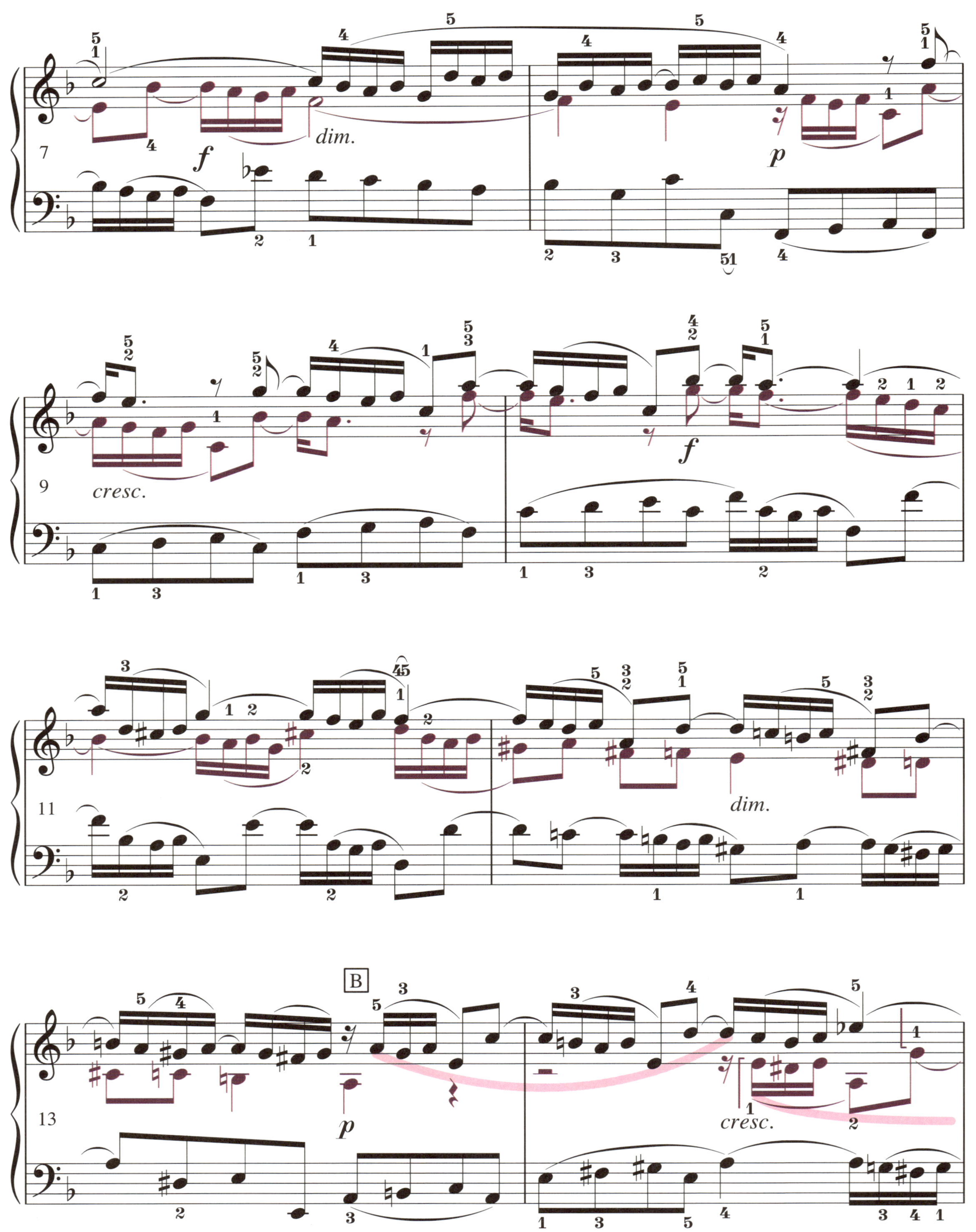
dim.
f
p
cresc.
f
dim.
B
p
cresc.

poco   a   poco   dim.
mf
Coda
p cresc.
f
dim.
p
f

신포니아 제5번 내림마장조 BWV 791

B
p
cresc.
13
동기①
동기②
16
p
cresc.
19
f
22

- 세도막 형식(⌒ – 동기)

  A (1~13마디 첫음) + B (13~29마디 첫음) + C (29~38마디)

  (2개의 동기가 화성적, 선율적 조화를 이루어 곡 전체에 걸쳐 반복된다.)

신포니아 제6번 마장조 **BWV 792**

• 두도막 형식(⌒ – 주제)
A (1~17마디) + B (18~34마디) + coda

● 이 곡은 대위법적으로 정돈되어 있으면서도 엄격한 형식에서 벗어나 자유롭게 진행하고 있다.

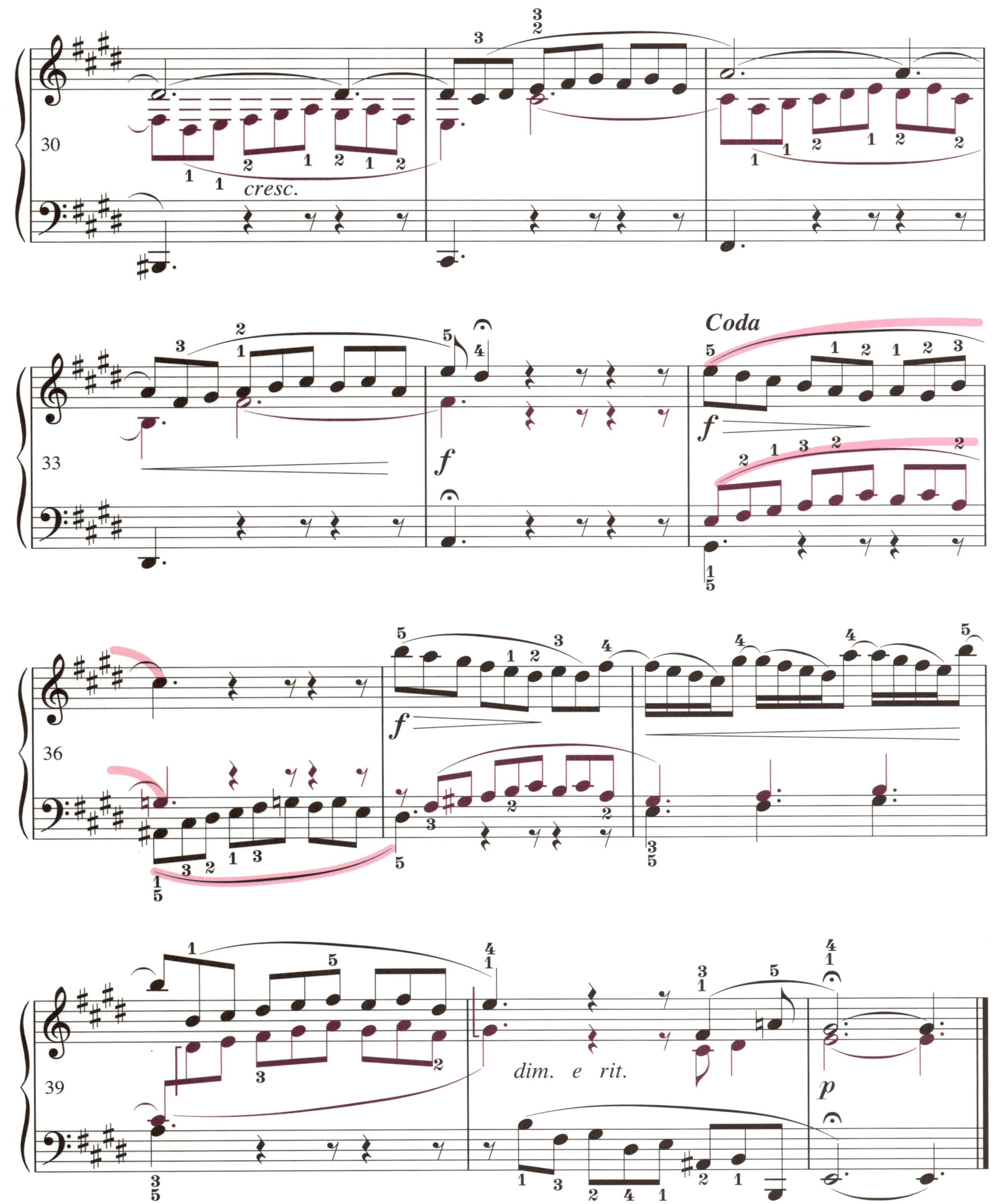

신포니아 제7번 마단조 **BWV 793**

- 세도막 형식(⌒ – 주제)

  Ⓐ(1~14마디 첫음) + Ⓑ(14~25마디 첫음) + C(25~37마디 첫음) + coda

- 주제는 4도 상행으로 움직이는 특징을 가지고 있다.

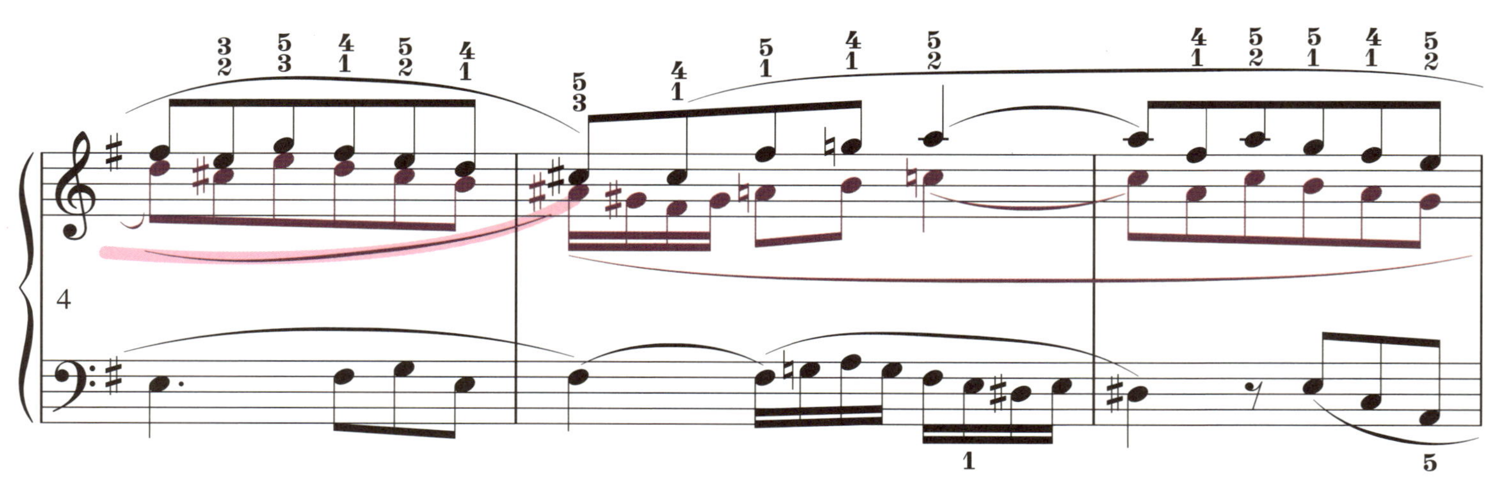

19
22
dim.
C
p
25
cresc.
28
f

31
34
dim.
Coda
p
37
f
rit.
41

신포니아 제8번 바장조 **BWV 794**

- 두도막 형식(⌒ – 주제)

  A (1~15마디 3박) + B (15~23마디)
- 바흐가 즐겨 사용하는 리듬으로 이루어진 생기 발랄한 푸가이다.

p
p
poco a poco cresc.
cresc.
131
313
p

15
B
cresc.
f
17
19
p
cresc.
21
più f
mf

카논·푸가에 대하여

카논

'규칙'을 뜻하는 그리스어인 kanon 에서 유래된 말로, 대위법에서 가장 엄격한 모방대위법의 작곡기법과 그 기법에 의한 악곡 이름을 말합니다.

최소한 2개 이상의 성부로 이루어지며 하나의 성부에서 주제가 진행되면 시간차를 두고 다른 성부가 그 주제를 엄격히 모방하여 진행하는 것으로, 쉽게 표현하면 초등학교에서 불려지는 '돌림 노래'가 카논이라고 말할 수 있습니다.

성부의 수에 따라 2성 카논, 3성 카논으로 불리기도 하며 성부간의 음정 간격에 따라 5도 카논, 8도 카논으로 불리기도 하는데 엄격한 모방 형식이지만 일정한 규칙을 엄격히 지키는 것일 뿐, 한 성부를 그대로 모방하는 것만 있는 것이 아니기 때문에 모방하는 방법에 따라 여러 가지 종류로 구별되고 있습니다(병행 카논, 축소 카논, 반진행 카논, 역행 카논 등).

악곡 전체나 일부에 사용되어진 카논은 12세기부터 사용되어 15~16세기에 전성기를 이루었고 J.S. 바흐의 후기 작품에서 기술적, 예술적으로 절정을 이루게 됩니다.

푸가

'도망가다'를 의미하는 이탈리아어에서 유래된 말로 카논이 모방을 주제로 했다면 푸가는 모방과 응답의 주제를 종합한, 카논을 좀 더 발전시킨 형식입니다.

푸가는 보통 세 부분으로 나뉩니다. 각 부분마다 제1성부에서 주제가 진행하면 제2성부가 이것을 모방하는데 이것을 응답 주제라고 하며 응답 주제가 진행되는 동안 제1성부에서는 대주제가 진행되는 형태입니다. 또한 각 부분의 사이마다 간주부가 들어가며 마지막에 코다를 수반하는 경우가 많습니다. 주제, 응답 주제, 대주제의 관계가 모든 성부에서 반복 진행되는 것이 특징인 푸가는 더욱 복잡한 기교가 사용되기도 하는데 이런 경우에는 주제의 수에 따라 2중 푸가, 3중 푸가로 불리우고 있습니다.

푸가는 17~18세기 초기에 독일을 중심으로 크게 번성하였으며 유명한 작곡가로는 파헬벨, 프로베르거, 피셔, J.S. 바흐가 있습니다. 특히 바흐는 그가 작곡한 〈평균율 클라비어곡집〉, 〈푸가 기법〉 등으로 인해 푸가의 대가로 일컬어지며 바흐 이후로는 베토벤이 푸가의 대가로 인정받고 있습니다.

신포니아 제9번 바단조 BWV 795

87

- 세도막 형식(⌒ – 주제, 이 곡집에서 최고로 인정받는 곡이다.)

  A (1~10마디 첫음) + B (10~20마디 첫음) + C (20~33마디 첫음) + coda

18
f
meno p
20
dim.
22
24
C
주제②
주제③
주제①

26
cresc.
28
p
cresc.
31
Coda
33
f
rit.
p
주제 ①
주제 ②
주제 ③

신포니아 제10번 사장조 **BWV 796**

- 세도막 형식(⌒ – 주제)

  A (1~10마디) + B (11~19마디) + C (20~33마디)

- 푸가 형식이지만 독자적인 구성을 갖추고 있는 밝은 곡이다.

B
p
cresc.
dim.
C
mf

22
p
25
molto cresc.
f
28
31

신포니아 제11번 사단조 BWV 797

94

• 세도막 형식(⌒ – 동기)

A (1~16마디) + B (17~36마디 첫음) + C (36~64마디) + coda

첫 마디에 나오는 동기가 전체를 지배하는 침착하고 우아한 곡이다.

신포니아 제12번 가장조 **BWV 798**

- 세도막 형식(⌒ – 주제)

  A(1~7마디 2박) + B(7~14마디) + C(15~26마디) + coda

- 신포니아 제4번과 비슷한 형식의 명쾌한 곡이다.

B
mf
dim.
p cresc.

C
cresc.
f
mf

23
f
25
mf
Coda
27
cresc.
29
dim.
p

신포니아 제13번 가단조 **BWV 799**

- 세도막 형식(⌒ – 주제)

  A(1~21마디 첫음) + B(21~48마디) + C(49~64마디)

- 당당한 느낌의 남성적인 곡이다.

신포니아 제14번 내림나장조 BWV 800

• 세도막 형식(— 주제)

A (1~16마디) + B (7~12마디 첫음) + C (12~22마디 첫음) + coda

f
dim.
p
cresc.
Coda
f

작곡가에 대하여

(1685~1750)

J.S. 바흐

바로크 음악을 집대성한 바흐는 1685년 독일의 아이제나흐에서 거리의 악사인 요한 암브로지우스의 8번 째 아들로 태어났습니다.

 바흐의 집안은 50명이 넘는 음악가를 배출하였는데 그 가운데에서도 뛰어난 재능으로 바로크 음악의 절정을 이뤄 '음악의 아버지'로 불리게 된 J. S. 바흐는 활동했던 지역에 따라 다음과 같이 3시대로 구분하고 있습니다.

1. 바이마르 시대(1708 ~ 1717년)
2. 쾨텐 시대(1717 ~ 1723년)
3. 라이프치히 시대(1723 ~ 1750년)

 첫 시대인 10년간의 바이마르 시절에는 궁정 오르간 연주자로 활동하면서 명성이 높아졌고 이 시기의 작품에서 대가로서의 풍모를 보이기 시작하였는데 이 시기의 주요 작품으로는 〈전주곡과 푸가〉, 〈토카타〉, 〈코랄 전주곡〉이 있으며 대부분 오르간 연주곡으로 인해 이 시기를 '오르간 곡의 시대'라고도 합니다.

 쾨텐 시대에는 17인의 궁정 악단을 이끄는 악장으로써 많은 연봉을 받으며 풍족한 생활 속에 새로운 작품을 많이 만들었는데 〈바이올린협주곡〉, 〈브란덴부르크협주곡〉, 〈무반주 바이올린 소나타〉, 〈파르티타〉, 〈무반주 첼로를 위한 모음곡〉 등이 이 시기에 작곡된 작품입니다. 이 시기의 작품들은 매우 밝은 분위기인데 바흐가 사회적, 가정적으로 매우 안정되고 행복했다는 것을 의미한다고 볼 수 있습니다.

 1720년에 아내와 사별한 바흐는 1721년에 새로 아내를 맞이하였는데 새 아내를 위한 〈막달레나를 위한 클라비어곡집〉, 맏아들인 '프리데만'을 위한 〈인벤션〉을 작곡하였으며 〈평균율 클라비어곡집〉도 이 시기에 정리되었습니다.

 마지막 라이프치히 시대에는 토마스 교회의 음악감독을 맡아 1750년, 세상을 떠날 때까지 많은 연주와 왕성한 작곡을 하였는데 교회 칸타타와 〈마태오 수난곡〉, 〈크리스마스 오라토리오〉, 〈나단조 미사〉 등 140곡 이상의 많은 교회용 음악을 작곡하였습니다. 이 시기를 '교회음악의 시대'라고도 하지만 세속적인 칸타타와 클라비어협주곡도 많이 작곡하였으며 말년에는 대위법의 극치라고 불리는 〈골든베르크변주곡〉, 〈음악의 헌정〉, 〈푸가의 기법〉도 작곡하였습니다.

 바흐의 마지막 곡인 〈푸가의 기법〉은 급속히 나빠진 시력과 뇌졸중으로 인해 미완성으로 남았으며, 급격한 전신 허약증세로 인해 1750년 7월 28일 세상을 떠났습니다.

신포니아 제15번 나단조 **BWV 801**

- 세도막 형식(⌒ – 주제)

  A(1~13마디) + B(14~25마디) + C(26~32마디) + coda

- 3성부에서 하나의 성부는 주제 대신 대선율로 진행하고 있다.

- 인벤션의 제15번과 비슷한 곡으로 화려하고 환상적인 느낌이다.

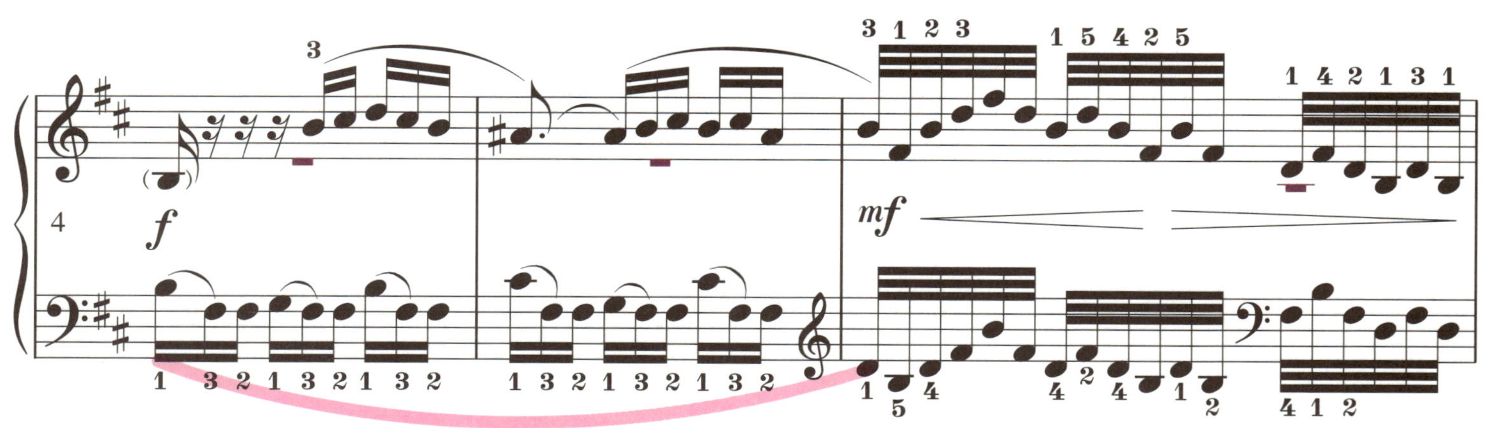

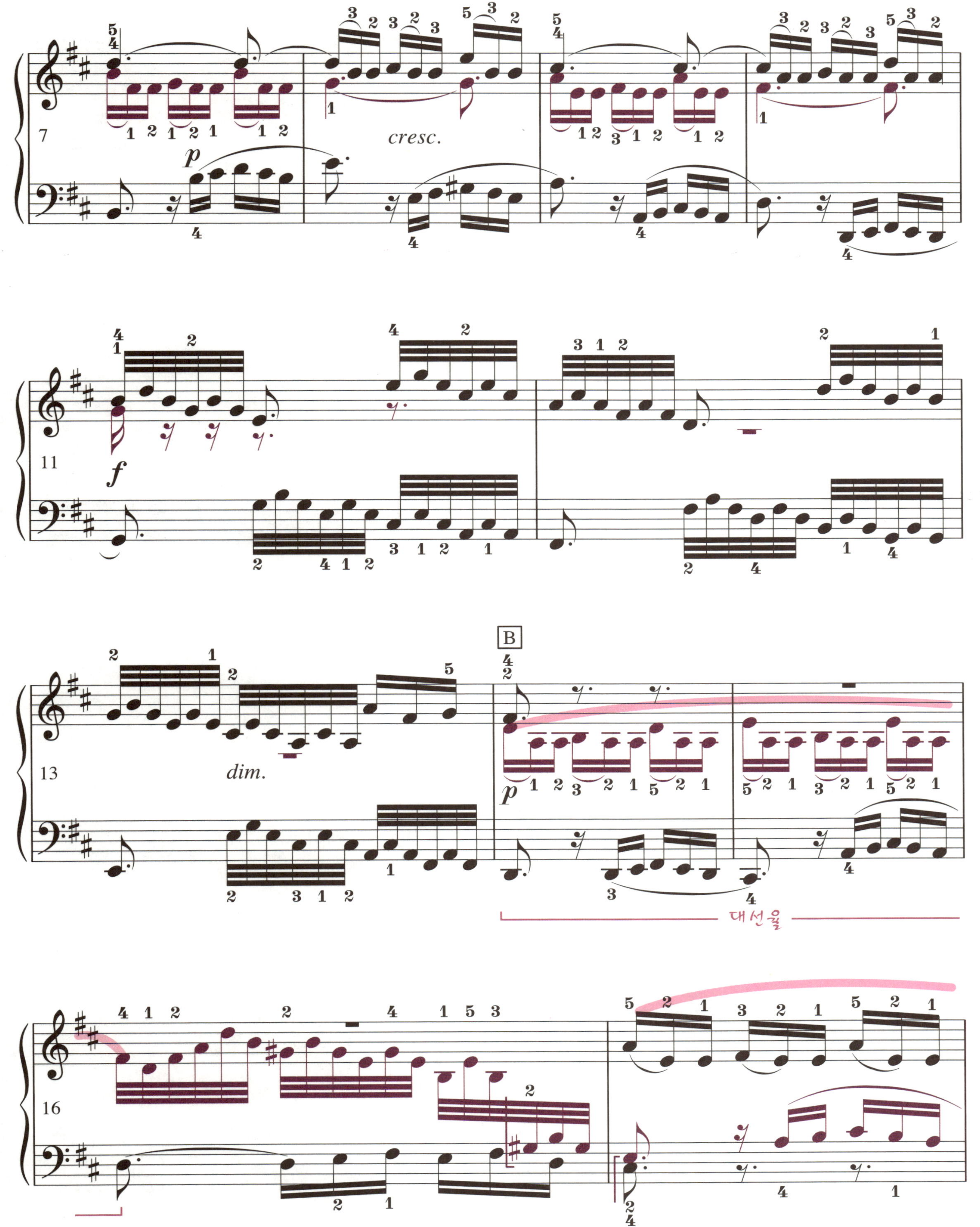
cresc.
p
f
dim.
B
p
대선율

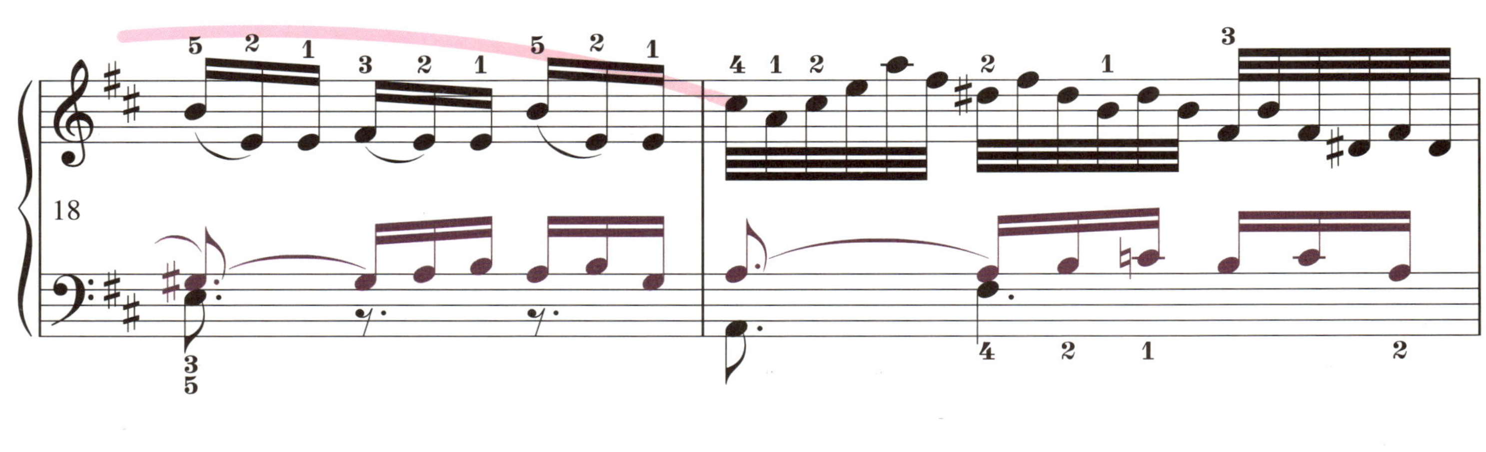
18

20
cresc. poco a poco

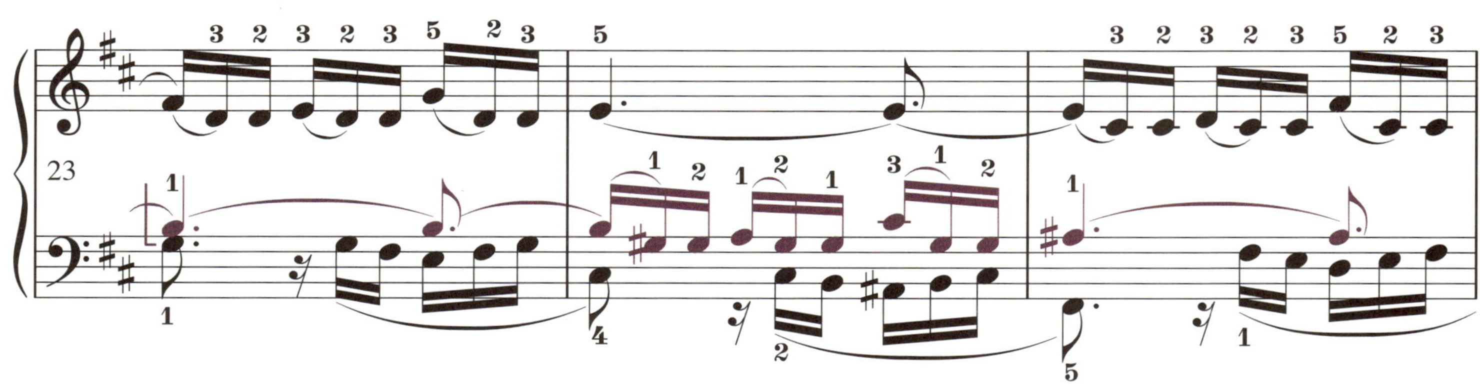
23

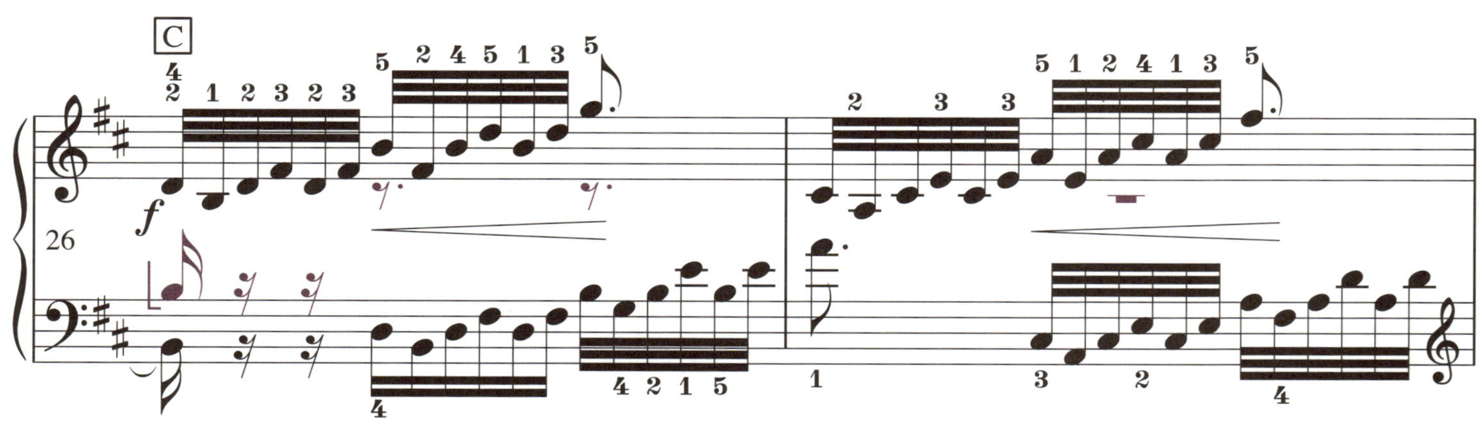
C
26
f

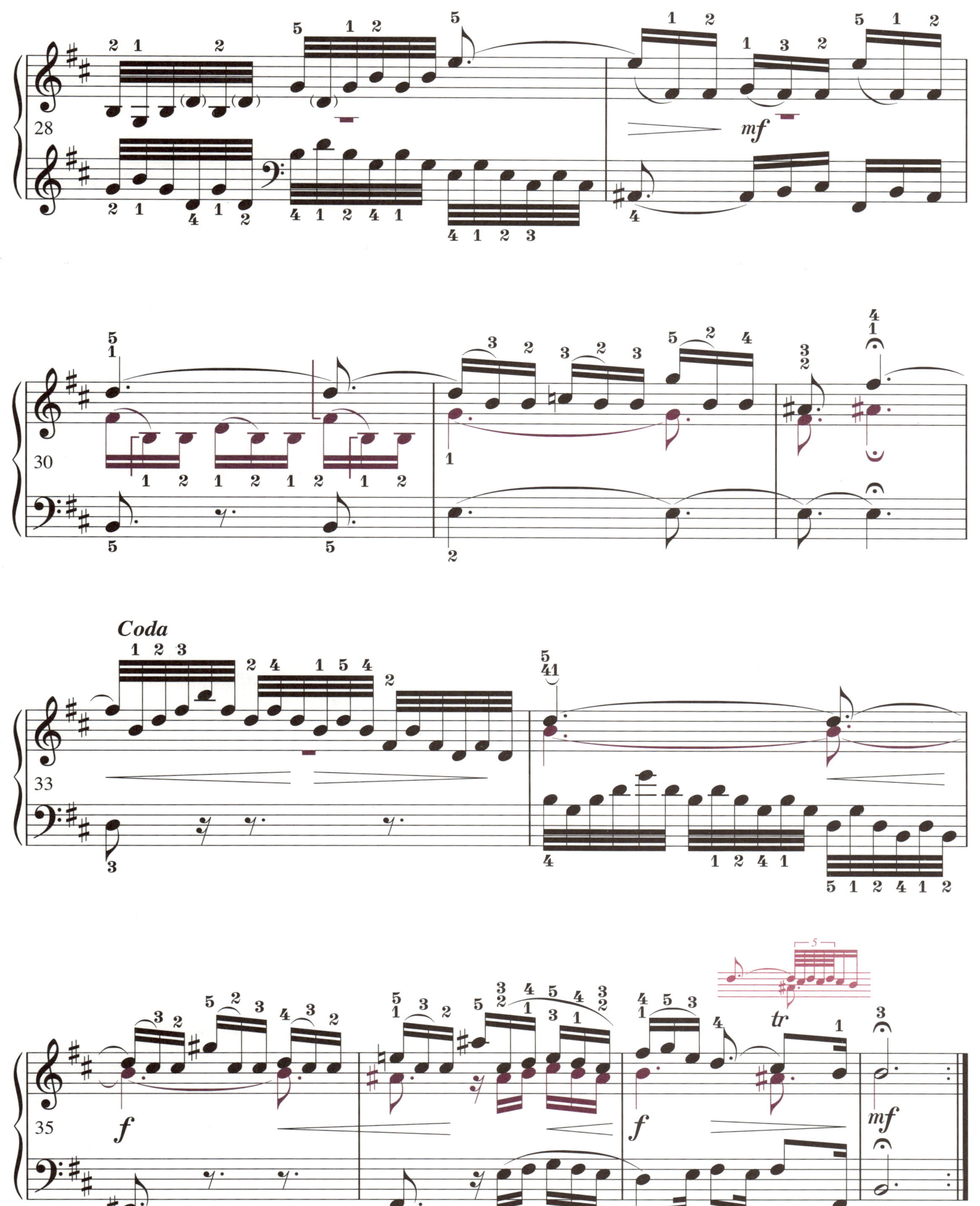
28
30
Coda
33
35
mf
f
f
mf
tr

편저자 : 이은영

서울대 음대 및 동 대학원 졸업
맨하탄 음대 대학원 졸업
Music at Orchard Hill 실내악 캠프 참가 연주
뉴욕 서울 오케스트라, 프라임필 오케스트라와 협연
북부 뉴저지오페라, 뉴욕 테아트로 펠리체 오페라 코치
현재 – 한국 예술 종합학교, 중앙대학교, 이화여자대학교,
         그리스도 대학교, 안양대학교 출강

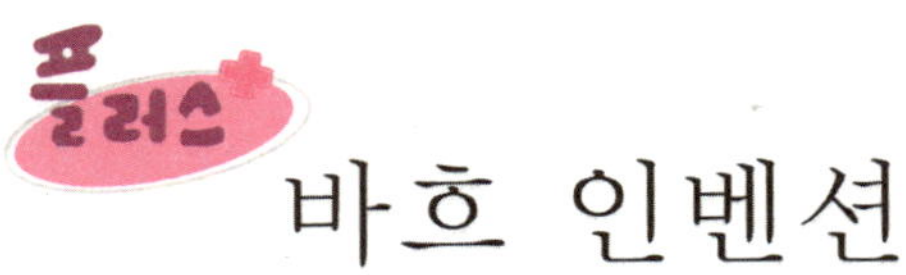

바흐 인벤션

발 행 일 2011년 1월 20일
발 행 처 아름출판사
주   소 경기도 고양시 일산동구 중산동 1584-2
         http://www.armusic.co.kr
전   화 1588-1743(대표)
         (031)977-1881~2(영업부)
         (031)977-1883~4(편집부)
팩   스 (031)977-1885
등   록 1987년 12월 9일 제2001-7호

편 저 자 이은영
발 행 인 성강환
편 집 인 편집부

본 도서는 무단 복사, 전재할 수 없음(파본은 교환해 드립니다)

ISBN 978-89-8377-645-7   13670

값 6,000원